名人家风丛书

古来家族承冠冕

——孔子与孔氏家风

本书系2016年度国家社会科学基金重大项目“中国传统文化教育资源的开发利用研究”（项目批准号：16ZDA230）阶段性成果。

名人家风丛书

徐梓 主编

古来家族承冠冕

——孔子与孔氏家风

王立刚 著

中原出版传媒集团
中原传媒股份公司

大象出版社
·郑州·

图书在版编目(CIP)数据

古来家族承冠冕：孔子与孔氏家风 / 徐梓主编；王立刚著. — 郑州：大象出版社，2021. 12
（名人家风丛书 / 徐梓主编. 第三辑）
ISBN 978-7-5711-1190-8

Ⅰ. ①古… Ⅱ. ①徐… ②王… Ⅲ. ①家庭道德-中国②孔丘（前551-前479）-家族-史料 Ⅳ. ①B823. 1②K820. 9

中国版本图书馆CIP数据核字(2021)第182705号

名人家风丛书
徐 梓 主编
GU LAI JIA ZU CHENG GUAN MIAN
古来家族承冠冕
——孔子与孔氏家风
王立刚 著

出版人 汪林中
总策划 郑强胜
责任编辑 连 冠
责任校对 牛志远
书籍设计 王 敏

出版发行 大象出版社(郑州市郑东新区祥盛街27号 邮政编码450016)
发行科 0371-63863551 总编室 0371-65597936
网 址 www.daxiang.cn
印 刷 河南瑞之光印刷股份有限公司
经 销 各地新华书店经销
开 本 890 mm×1240 mm 1/32
印 张 7
字 数 149千字
版 次 2021年12月第1版 2021年12月第1次印刷
定 价 24.00元

印厂地址 武陟县产业集聚区东区(詹店镇)泰安路与昌平路交叉口
邮政编码 454950 电话 0371-63956290

总　序

一个人有一个人的气质，一个国家有一个国家的性格。一个家庭在长期的延续过程中，也会形成自己独特的风气。这样一种看不见的风尚习惯、摸不着的精神风貌，以一种隐性的形态存在于特定家庭的日常生活之中，家庭成员的一举手、一投足，无不体现出这样一种习性。这就是家风。

“家风”一词，最早见于西晋著名文学家潘岳的诗中。与潘岳有“双璧”之称的夏侯湛，自恃文才超群，将《诗经》中有目无文的六篇“笙诗”补缀成篇。潘岳为与友人唱和，写作了《家风诗》。在这首诗中，作者通过歌颂祖德、称美自己的家族传统以自勉。

“家风”又称“门风”，这个词语在西晋出现并在随后流行，显然和“士族”“世族”“势族”“大族”“世家大族”成为社会上的统治力量有关。无论是以宗族为根基、以武力为特质的地方豪族，还是以官宦为标志、以文化为表征的名家大姓，他们政治上累世贵显，经济上广占土地，文化上世传家学，垄断了全社会的主要资源。除通过九品中正制和婚姻关系来维护门阀制度之外，他们还自矜门户、标树家风，用以抵御皇权和寒人的侵渔。正因为如此，两晋以后，这个词语渐次流行。从发轫之初，“家风”就往往和“门风”互用。我们可以将它理解为家庭的风气，将它看作一个家庭的传统、一个家庭的文化。

传统作为人类代代相传的行事方式，是从过去延传到现在的事物。没有经过较长时间的过滤和沉淀，就形成不了传统。在《论传统》的作者希尔斯看来，至少要持续三代人，才能成为传统。尽管世代本身的长短不一，但无论是信仰还是行动范式要成为传统，至少需要三代人的两次延传。家风作为特定家庭的传统，是该家庭长时期历史汰选、传统沉淀的结果，是一辈又一辈先人生活的结晶。在历史文献中，“家风”或与“世德”共举，或与“世业”并称，足见家风有别于时尚，而与“世”即很多年代、好几辈子紧密关联。在时间上持续的短暂性是时尚的特征，而家风则是历经延传并持久存在，或者在子孙后代身上一再出现的东西。正是在这个意义上，历史文献中提及“家风”一词，往往蕴含对传统的继承。如比比皆是的“不坠家风”“世守家风”“克绍家风”“世其家风”及“家风克嗣”等，无不体现了这一特点。

有一种观点认为，家风必须是健康的、积极向上的，否则，不能称之为家风。实际上，这只是说者的一种期许、一种渴盼，家风本身并不蕴含这样的意味。否则，“良好家风”就是毫无意义的同义反复。正如“文化”是使民族之间表现出差异性的东西，时时表现着一个民族的自我和特色一样，家风作为家庭的文化和传统，表现的也是一个家庭的气质和风习，反映出一个家庭与其他家庭的不同之处。它完全是一个中性的概念，并不必然具有正面的意义。有的家风可能是勤奋俭朴、为人忠厚、待人有礼，也有的家风可能是狡诈刻薄、游荡为非、跋扈凶横。如同一所学校、一个班级的风习我们称之为校风、班风，而校风有好坏之分，班风有高下之别，并不总是值得弘扬一样，家风同样也有不良的，并不都是传家宝。正因为如此，对家风或门风则就既有称誉，也有贬损。即便是在传统社会，被视为传家久、继世长的，也只有耕读、忠厚、清廉这样一些美好的品质。

的确，家风的特征在前现代、在乡村社会、在大家庭中表现得十分鲜明，格外生动，而在现代城市家庭中却不那么明显。但是，只要一个组织存在，就会有这个组织的文化，特别是这个组织如果有历史的厚重，有传统的积淀，就更是如此。作为家庭的文化，家风是附丽于家庭而存在的，只要有家庭，就会有家风。家风并不必然会因为农村的城市化、大家族被小家庭所取代而丧失，或者说，随着历史的演进，社会情势的变化，家风的具体内容肯定会有变化，但家风仍然会存在。在社会结构和家庭结构都发生了革命性变革的当今社会，人们感叹“家风”的荡然无存，其实是指家庭所秉持的“只耕田，只读书，自然富贵；不欠债，不健讼，何等安宁”这样一些古典原则的式微，是指“耕读两途，读可荣身耕可富；勤俭二字，勤能创业俭能盈”这样一些传统内容的沦落，是“志欲光前，惟是诗书教子；心存裕后，莫如勤俭传家”这样一些旧时理念的散淡，而不是家风本身的消逝。

此外，家风不同于家规。虽然这两个词都与家庭教育相关，但它们有着本质的差异。

家规是家庭或家族中的规矩，是家人所必须遵守的规范或法度，是父祖长辈为后代子孙所制定的立身处世、居家治生的原则和教条。它是借助尊长的权威，加之于子孙族众的又一重道德约束，有的甚至具有法律效力。它有家训、家诫、家仪、家教、家法、家约、家矩、家则、家政、家制等名义，有敬祖宗、睦宗族、教子孙、慎婚嫁、务本业、励勤奋、尚节俭等多方面的内容，是行于口头、针对性强的具体教诫，是见诸家书、目的明确的谆谆训诲，是载诸家谱、可供讽诵的文本规条。家规可以有多种分类，如：根据其表现形式，可以分为教诫活动的家规和文献形式的家规两种；根据内容，则可以分为针对一人一事、起因明确、内容具体、结果显豁的非规范性家规和针对整个人生、涉及方方面面的规范性家规。有的家规，着重家庭子弟的道德修养，教授为人处世要法；有的家规，集中居家治生，以至是祠堂、义庄、学塾等的管理规条。但无论如何，相对于家风，家规一个总的特点是有形的，是可视可见的。

一个家庭的家风有别于这个家庭世代相传的道德准则和处世方法，它是一个家庭的性格特征。虽然它一旦形成，也就成为教化的资源，对家族子弟具有熏染影响、沾溉浸濡的意义，但它是一种不必刻意教诫或传授，仅仅通过耳濡目染就能获得的精神气质，具有“润物细无声”的作用。历史文献中的“渐渍家风”，就极为生动形象地诠释了这一过程。通俗地说，我们可以把家规看作教化家人的教科书，而家风则是经由长期教化后的结果。

2014年春节期间，中央电视台的“家风”系列报道，引起了社会的热烈反响和高度认同。这一报道对于引导人们自觉省思，培植良好的家风，构建和谐的家庭关系，夯实家庭这一社会的堡垒，进而培养全社会的良风美俗，疗治现今社会的乱象，无疑具有积极的意义。正是基于这样一种用心，《寻根》杂志主编郑强胜代表大象出版社，约请我主编这套“名人家风丛书”。

第一辑十种出版之后，广受读者好评、社会欢迎。众多媒体都曾予以推荐，并入选国家新闻出版广电总局向全国青少年推荐百种优秀出版物、入选第二届中华优秀传统文化普及图书50种图书推荐目录，出版社也一印再印。受这种情势鼓舞，强胜兄按此前我们商议好的计划，不失时机地敦促我们启动了第二辑的编写工作。2016年5月18日，他给我发来了《“名人家风丛书”第二辑编写建议》，第二辑的编写工作由此启动。2018年6月，他又给我发来了《“名人家风丛书”第三辑编写建议》，第三辑的编写工作由此启动。

2016年，我作为首席专家承担了国家社会科学基金重大项目“中国传统文化教育资源的开发利用研究”（项目批准号：16ZDA230）的研究工作，本辑图书的编写也是该项目研究工作的一部分，并受到了项目的资助，王立刚居中做了大量的工作。

本辑的编写者，依然主要是我的学生，也吸纳了个别对此有热情、有研究的朋友参加。由于时间仓促，特别是水平所限，其中肯定会有这样或那样的问题，诚挚地希望读者不吝赐教，以便我们把这项工作做得更好。

北京师范大学国学经典教育研究中心 徐梓

2020年1月

目录

绪 论

千百年来，在中国土地上出现过大大小小无数个家族，这些家族走过历史，走过风雨。在一定意义上，所有人，无论是乘肥衣轻的社会名流，还是引车卖浆的普通大众，在大部分历史时期内，都曾生活在一个家族内。一个人首要的社会属性往往就是某个家族的后代、某个家族的成员，这一身份属性甚至要优先于个人的名字。即使到了今天，很多人也经常以“某某妈妈”“某某奶奶”，来向外人介绍自己、介绍自己的家人，可见家庭对于一个人身份认同的烙印之深。

家风是一个家族在历史传承的过程中形成的具有本家族特点的性格特征、生活方式以及价值观念。在漫长的历史发展过程中，家风的积淀和传承既依赖本家族长辈有意识的教育，也依靠家族日常生活潜意识的影响，每一位家族成员的身上都或多或少留下了本家族的烙印。有的家族在传承过程中不断丰富着本家族的家风，并且形成了相对明确的家训、家范，有的家族一直没有明确形成以文字为载体的家风，以潜在形式存在的家风仍旧影响着家族成员的生活。

中国古人常说“君子之泽，五世而斩”。在中国历史上出现过许许多多的家族，绝大多数家族也都曾有过繁荣兴盛，但在这些家族中，孔氏家族是唯一一个真正能够让每一个后代都能一代代十分清楚地从今天追溯到孔子本人的家族。

孔氏家族代代传承，不断积累着属于自己家族的精神气质和性格品质，形成了属于自己家族的家风。孔子是一个以教育为志业的人，他重视教育传承的精神，他本人的性格气质、价值观念对孔氏家族家风的形成起到了重要作用，对后来两千多年孔氏家族的绵延有着深刻的影响。孔子的后代一直珍视自己家族的精神传承，不断践行也不断创新着前辈开创的家族精神和生活方式，在不同时期不断延续并发扬着孔氏家风。

第一章

谦恭俭让，必有达人：孔子的祖先

孔氏多以孔子为始祖，也就是以孔子为孔氏家族正式的第一代人。在孔子之前，孔氏家族就已经在中国东部的这片土地上绵延甚久。孔子是商朝帝王的后代，是名副其实、有据可查的炎黄子孙。孔子祖先的事迹与业绩，影响了孔子的性格与气质，成就了孔氏家族的价值与理想。

第一节　孔氏的孔子

在家族发展的过程中，每个曾经在历史上留下印记的家族，都会有一个构建家族精神灵魂的关键人物。这个塑造家族灵魂的人物，往往并不是为家族创造最多财富的人，也不是为家族生下最多后代的人，更不是家族中官位最高的人，甚至也不是家族中文化程度最高的人，而是能够影响到家族的性格和气质的人，能将一种做人的原则和行动的价值观传递给家族后代的人，往往是这个人开创了家族精神，创造了这个家族的家风。

孔子是塑造其家族精神核心的人，是孔氏家风的开创者。在孔氏几千年的历史上，出现过很多著名的人物，有的人十分富有，有的人做过高官，有的人后代众多，这些特点孔子都没有，他一生并没有创造足够多的财富，只做过很普通的官员，只有一个儿子且先他去世。可是，孔子仍旧是无可置疑的塑造家族灵魂的人，整个孔氏后代都将孔子奉为家族的开创者。

孔子生活在两千多年前的春秋末期，中国社会处在一个周王朝中央势力逐渐衰微，诸侯国势力逐渐上升的阶段。在诸侯国内，则是国君势力逐渐衰弱，卿大夫势力逐渐上升的阶段。这是一个社会结构发生剧烈变动的时期，旧的习俗、制度逐渐自上而下被打破，新的习俗与制度尚未建立，社会正在走向混乱。孔子以及当时的很多有志之士都清楚地感受到了这种剧烈变动，更清楚地看到诸多更加剧烈变动的征兆，以孔子为代表的这些有志之士针对社会结构的变动，对当时社会的未来走向兴起了强烈责任感。

孔子出身比较贫寒，小时在鲁国各地从事过多种工作，成年后则长时间带领弟子在多个诸侯国访问游学，接触到上自国君，下至普通百姓，乃至于隐居人士等各个阶层的人，对中国的社会环境有着清楚而直观的了解。在广泛观察调研的基础上，孔子和他的弟子们对当时社会形势形成了独有的认知，在此基础上，孔子建构了完整的思想体系，这便是儒家思想，他也成为儒家学派的创始人，被后人誉为“至圣先师”。

孔子是一名思想相对保守的学者，他希望社会结构能够按照稳定的方式，从内部完成自我净化和缓慢变革，在总体上能够在坚守旧有制度的基础上，逐渐实现更新，以适应新的变化。这一想法需要全社会不极端、不暴力、中正平和地推进社会变革。为了表达自己对社会的理解，孔子在晚年编写完成了《春秋》一书，将对国家社会中的善恶褒贬蕴含在叙述中，正如孔子说“知我罪我，其惟春秋”（《孟子·滕文公下》）。正因为孔子的这部书，东周的前半段历史才被后人称为春秋时期。

实际上，在孔子去世之后，中国社会秩序变得更加混乱。到了战国末期，中国社会不仅没有按照孔子所期望的方向发展，反而是朝着相反的方向发展，通过战争完成了国家的统一。

尽管孔子的思想并没有真正影响到战国时期，但在西汉中期，中国逐渐确立了以儒家为主导的思想体系。从此以后，孔子开创的儒家思想一直作为中国社会的主流思想，乃至于影响到了中国之外的世界。儒家思想在孔子去世之后一直有变化和创新，后世的儒家思想家也不断拓展儒家思想的内涵与外延，儒家思想是日渐发展的一个思想流派、一个思想大厦，但孔子始终是儒家思想最重要的开创者。

孔子在生前以开办教育为毕生的事业，他招收了众多弟子，后人称为弟子三千，贤人七十二。现有文献中，有名可查的有近百人。由于文献散佚，也许还有更多的人，没有流传到今天。从《论语》这样的历史典籍中可以看到，孔子的弟子与孔子有着深厚的感情，对孔子的思想有着多样化的理解和解读。

实际上，在孔子去世之后，只有少数弟子留在鲁国，众多弟子奔向四方，将自己在孔子处的所学与所面临的社会实际结合起来，不断丰富和完善着孔子开创的儒家思想。所以，尽管在战国时期，孔子的思想并没有真正产生太多影响，但是孔子的弟子们和后续更多的儒家学者们则一直将孔子的思想发扬光大，或者用经过改造的思想影响社会，或者直接投身到各诸侯国的政治活动中，在整个战国时代产生了广泛的影响力。在社会混乱的年代，得益于众多的儒家弟子的广泛影响，儒家思想显示了强大的生命力，一直是最重要的思想流派之一。秦汉之时，众多儒家弟子仍遍布各个领域。其中，有不少人就是孔子的后代。

儒家思想不断的传系和发扬，一直在全社会的学术思想领域保持了足够的影响力。汉武帝时，董仲舒提出“罢黜百家，独尊儒术”，本身就是历代儒家弟子不断开拓儒家思想内涵的重要成果，是儒家生命力的反映，是中国社会发展的必然结果。

从汉代中期以后，由于儒家思想逐渐成为正统，孔子后人也受到积极的影响，出现了更多有学问、有影响的后代，孔子家族的社会地位也逐渐提高，成为全社会重要的家族之一。

第二节 孔子的祖先

通过有限的文献记载，可以大致了解到孔子祖先的一些基本情况，这些记载未必完全可靠，不过由此可以窥探到孔子之前的家族历史痕迹。

清代《百家姓考略》载：“孔，角音，鲁郡，系出子姓。武王封商微子于宋，至闵公捷生弗父何，何玄孙嘉字孔父。孔父孙罼夷父以祖字为孔氏，夷父子防叔仕于鲁国，防叔孙叔梁纥生孔子。”

这段话比较简要地说明了孔子祖先的世系，即孔子的祖先一直都是子姓，从周武王时就开始生活在当时的宋国。周武王率军讨伐商纣王之后，建立周朝，商朝由此灭亡，不过商朝的贵族和一些子民并没有从此消失，而是集中迁徙到宋国，以商丘作为都城，以商纣王的哥哥微子启为国君，这是当时的周朝“存亡继绝”政治决策的一部分。

宋国第五位国君为宋前滑公，其子为弗父何，弗父何的玄孙为孔父嘉，孔父嘉的孙子为罜夷父。从罜夷父开始，便以祖父的字作为姓氏，即孔氏。当时的人名与后代有一些不同，比如苏轼，姓苏名轼，字子瞻，一般先说名，后说字，而当时则是先说字，后说名。孔父嘉实际上名嘉，字孔父，为子姓，子姓一般忽略不讲。从罜夷父的儿子防叔开始，孔子的祖先开始在鲁国做官。防叔的孙子是叔梁纥，叔梁纥的儿子为孔子。

宋国国君宋前滑公是孔子的十一世祖，孔子是宋国国君的后代，宋前滑公向上为商纣王的哥哥微子启，孔子是商朝国君的后代。根据《史记》记载，他的祖先可以向前追溯更久。孔子作为商朝王室的后代，商朝王室的祖先自然就是孔子的祖先。《史记·殷本纪》："殷契，母曰简狄，有娀氏之女，为帝喾次妃。"殷契是商朝的祖先，是帝喾的后代。帝喾是一般意义上说的三皇五帝中的五帝之一，五帝为黄帝、颛顼、喾、尧、舜。《史记·五帝本纪》："帝喾高辛者，黄帝之曾孙也。"也就是说，孔子的血脉可以追溯到黄帝，孔子是黄帝的后代。

只是，孔子的祖先一般不追溯到西周以前的世系。孔子生活的东周时期距微子启所在的时期，相隔近五百年，到孔子一代时，家中已经不能维持纯粹贵族的生活了。当时，贵族阶级分为公、卿、大夫、士，《论语·宪问》中提到孔子曾说"吾从大夫之后"。其实孔子的祖先在宋国遭受政治风波，逃至鲁国之初，可能连大夫的地位都已经没有了，"从大夫之后"也已经是一种"自我拔高"的说法了。

西周建立之后，孔子祖先具体的世系传承为：仲思衍→宋公稽→丁公申→湣公共（宋前湣公）→弗父何→宋父周→世子胜→正考父→孔父嘉→木金父→睪夷父→防叔→伯夏→叔梁纥→孔子。

这些祖先不少人都名垂青史，留下的精神一直为后世传颂，其中孔子向上第八代祖先正考父便是其一。

《左传·昭公七年》记载："及正考父佐戴、武、宣，三命兹益共。故其鼎铭云：'一命而偻，再命而伛，三命而俯。循墙而走，亦莫余敢侮。饘于是，鬻于是，以糊余口。'其恭如是。"

正考父曾经辅佐三任宋国的国君，三次接受任命，地位愈高，其行为愈谦卑谨慎。为了给自己提醒，也为了教育家族后代，正考父请人在自己平时做饭用的鼎上刻了一段铭文，铭文意思是：我第一次是弯腰受命，第二次是鞠躬受命，第三次是俯下身子受命，平时多是顺着墙根走路。尽管这样，也没有人看不起抑或欺侮我。这口鼎，平时既用来煮稠粥，也用来熬稀粥，只要足以糊口，生活就知足了。

一千多年以后，宋代的司马光给儿子司马康写下《训俭示康》，便引用了正考父的故事，说："正考父饘粥以糊口，孟僖子知其后必有达人。"孟僖子是与孔子同时代的鲁国贵族，《左传·昭公七年》："孟僖子病不能相礼，乃讲学之。苟能礼者从之。及其将死也，召其大夫曰：'礼，人之干也。无礼无以立。吾闻将有达者曰孔丘，圣人之后也……我若获没，必属说与何忌于夫子，使事之而学礼焉，以定其位。'故孟懿子与南宫敬叔师事仲尼。"

正考父的谦虚、俭朴可以在《论语》中找到影子。

如有周公之才之美，使骄且吝，其余不足观也已。（《论语·泰伯》）

士志于道，而耻恶衣恶食者，未足与议也。（《论语·里仁》）

君子食无求饱，居无求安，敏于事而慎于言，就有道而正焉，可谓好学也已。（《论语·学而》）

孔子称赞他的学生颜回："一箪食，一瓢饮，在陋巷，人不堪其忧，回也不改其乐。"（《论语·雍也》）

也许，在孟僖子生活的时期，孔子祖先的故事一直在流传。在旁人看来，谦虚、好学、俭朴的作风，可能正是孔子家族一直以来的传统。

正考父也是《诗经》的整理人之一。今天所看到的《诗经》分为《风》《雅》《颂》三部分，《颂》分为《周颂》《鲁颂》《商颂》三部分。汉代《诗经》研究者毛公在《毛诗·商颂序》记载："《那》，祀成汤也，微子至于戴公，其间礼乐废坏。有正考甫者，得《商颂》十二篇于周之太师，以《那》为首。"

成汤是商朝的开创者，微子是周武王建立周朝以后商朝遗民在宋国的首领，戴公是宋国逐渐稳定之后的第十一任国君，即宋戴公。从微子到戴公，宋国虽然继承了来自商朝的礼乐制度，但是国力衰微，在周朝的夹缝中生存，有不少文献散佚破坏。孔子的祖先正考父收集并整理了从商朝传承下来的十二篇《商颂》，正因为此，《诗经》的《商颂》才得以传承下来。

孔子晚年回到鲁国之后，花费大量精力整理《诗经》。在一定意义上，他继承了祖先正考父的事业。正考父整理的《商颂》共有十二篇，经过孔子删定之后，留下五篇，这就是今天我们所看到的《诗经·商颂》了。

第三节 孔姓的由来

孔子被后代孔氏尊为家族的先祖，自孔子以后，孔子的后代均为孔姓，不过就孔子本人来说，可能他并不会严格认为自己是孔姓，孔子本人是子姓的后代。孔子家族的孔姓到底是从哪里来的呢？

清代《百家姓考略》载："孔，角音，鲁郡，系出子姓。武王封商微子于宋，至闵公捷生弗父何，何玄孙嘉字孔父。孔父孙睪夷父以祖字为孔氏，夷父子防叔仕于鲁国，防叔孙叔梁纥生孔子。"

也就是说，孔父嘉的孙子睪夷父开始使用祖父的字作为姓氏。"孔"作为姓氏来自孔父嘉名字中的字。

在公、卿、大夫的体系中，正考父是正卿的身份，其子孔父嘉即孔子向上第七代祖先则仅是大夫了。虽然孔父嘉只是担任着宋国的司马一职，却深受宋穆公信任。《左传·隐公三年》载：

宋穆公疾，召大司马孔父而属殇公焉，曰："先君舍与夷而立寡人，寡人弗敢忘。若以大夫之灵，得保首领以没，先君若问与夷，其将何辞以对？请子奉之，以主社稷，寡人虽死，亦无悔焉。”

对曰：“群臣愿奉冯也。”

公曰：“不可。先君以寡人为贤，使主社稷，若弃德不让，是废先君之举也。岂曰能贤？光昭先君之令德，可不务乎？吾子其无废先君之功。”使公子冯出居于郑。

八月，庚辰，宋穆公卒。殇公即位。

宋穆公临终前将孔父嘉作为顾命大臣，对他说，我的兄长没有传位给他的儿子与夷，却传位给了我。如今我即将去世，要去地下见兄长，兄长若问起与夷来，我却不好交代。在我去世之后，我想传位给与夷，请您辅佐与夷，主持国政。这样，我虽然死去，也没有什么悔恨了。

孔父嘉回答说：“群臣都愿意拥戴您的儿子公子冯。”

穆公说：“不可以。先君认为我贤德，让我来主持国家，如果抛弃美德，而不让位给与夷，这就是废弃了先君的信任，怎么还能说贤德呢？”

不久之后，宋穆公去世，他的儿子没有即位，而是公子与夷即位，即宋殇公。为了防止公子冯在国内与堂兄与夷发生冲突，宋穆公去世前就要求公子冯离开宋国，到郑国生活。

宋殇公登基之初，政局不稳定，卫国派使者前来挑拨，希望宋国与鲁、陈、蔡合兵攻打郑国，除掉公子冯。卫国使者说：“父死子继，这是常理。您叔叔宋穆公虽然是有德之人，但公子冯没有获得君位，已经怨恨不已，虽然身在郑国，却一直贪恋宋国的君位。郑伯和公子冯交情很深，一旦郑伯为公子冯兴师前来夺位，宋国人恐怕会感念穆公的恩德，向着公子冯，那时候内外生变，恐怕您就会有危险了。如今我们一同伐郑，帮您除掉心腹之患。您要愿意出面，我们卫国会与鲁、陈、蔡三国的兵马一同听您指挥，郑国的灭亡，可以说指日可待！”

宋殇公本来就忌恨公子冯，卫国使者这一番话正中其下怀，当下就把发兵的事答应下来。

孔父嘉听说殇公听信了卫国使者的话，要起兵伐郑，便来劝阻殇公说：“您千万不能听卫国使者的话，这件事一定要三思。”

可是殇公并没有听进孔父嘉的话，坚持发兵攻打郑国，往来征战多年，郑国并没有灭亡，反而弱小的宋国农田日渐荒废，民怨沸腾。这时候，宋国的太宰华父督四处散布谣言，说宋殇公讨伐郑国的主意全出自孔父嘉，说得多了，很多人便信以为真，对宋殇公的怨恨逐渐转移到了孔父嘉身上。

孔父嘉的妻子魏氏容貌美丽。《左传·桓公元年》记载：“宋华父督见孔父之妻于路，目逆而送之，曰：‘美而艳。’”这也成为华父督铤而走险的因素。在宋殇公即位十年之后，华父督攻杀孔父嘉，抢夺了他的妻子，诛杀了宋殇公，从郑国迎回宋穆公之子公子冯继位，即宋庄公。魏氏被华父督抢到车里，后暗自解下束腰的丝带，系在脖子上，气绝身亡。

孔父嘉只有一个儿子，即木金父。为了逃避危险，他离开祖居地宋国，来到鲁国定居。从此以后，孔子的祖先逐渐不再提及自己是商朝遗民、子姓后代，而以在宋国的最后一代孔父嘉的字，也就是“孔”为姓。

《广韵》为此做出了一些解释，说“后代以子加乙，始为孔氏”，这种解释未必为真实的情况，不过说出了“子”与“孔”的关系，即“孔”姓是“子”姓加上“乙”字形成的。木金父在鲁国作为外来人，社会地位比较低，不再是大夫，而可能只是士阶层了，其子睪夷父开始在鲁国生活。

实际上，孔子的先辈迁居鲁国之初，是一种近似于“难民”的身份，没有什么社会地位。孔子的祖先们正是在这样的环境下开始生活，一代代繁衍生息，也许他们也未曾想过自己的后代会出现孔子这样可以开创家族的未来，能够影响到中国，乃至世界的思想家。

第四节 孔子的家与国

在中国人的眼里，“国”是“家”的延伸，所以才将“国”“家”合称为“国家”。孔子家族的历史是对“国家”一词的最佳诠释。

由于孔子在整个中华文化中具有不可替代的作用，以及孔氏后人对家族文化、家族制度的重视，在中国历史上，没有哪个家族像孔氏家族这样，其兴衰荣辱与儒家思想的发展与稳定融为一体，与整个中国社会的变化融为一体。每当儒家思想在中国社会出现跌宕的时候，便是孔子家族遭遇挫折的时候；每当中国社会出现分裂与动乱的时候，也是孔子家族开始遭遇种种危机的时候。实际上，每个普通的家族都是国家的一分子，是每个个体依赖的最重要的社会结构。个人的性格与命运离不开家，家的命运离不开国。

在稳定的社会结构中，家庭、宗族的地位是形成一个人社会属性的最主要因素。无论是名门望族，还是一直默默无闻的普通家庭、家族，都为个体提供了生活的基础环境。实际上，这些在历史上涌现出的无数个家族，作为社会结构的一部分，其形成与延续，其所有的家族性格、家族精神，以及家族、家庭生活所坚守的价值观，都与每个历史时期的社会条件有着紧密的关系。

在中国古代，许多家族都拥有属于本家族的族田，乃至拥有专门供本家族举行祭祀活动、教育活动的祭田、学田，这些属于家族集体所有的土地保证了家族能作为一个集体来发挥作用。与此同时，家族宗长和家族内部结构形成的对家族成员的约束教育的权利受到国家法律体系的认可，每一个家族成员既享受家族集体带来的便利，也必须服从家族的管理，服务于家族的需要。家族在为个人提供生活和发展空间的同时，也经常限制家族成员的个性。

中国人对于家族的重视由来已久，每个家族，至少是重要的家族，对于自身家族的发展和延续都有一种理想，这就像古人以立功、立德、立言，或者修身、齐家、治国、平天下为人生理想一样，家族的发展与延续也有理想的模式。到底什么样的家族才是最理想的状态？总的来说，家族作为一个集体要拥有合法而稳定的权利，拥有健全的家族内部组织，拥有足够充裕的家族财产，人口规模稳定而不断扩充，家族人口与家族精神能在长时间内获得延续等，这些是构成一个理想家族的基本方面。

不过，对于绝大多数家族来说，这种理想的状态往往受制于种种因素而无法实现，尤其绝大多数家族都无法记录下支脉清晰的长时段传承。其兴也勃焉，其亡也忽焉，这是历史上绝大多数家族的情况。许多曾经在历史上赫赫有名的家族，往往只是在某一个历史时期内兴旺发达，之后便销声匿迹。每一个家族都有这样或那样的不足，有的缺乏长期稳定的社会环境，社会制度的不稳定导致家族财产的缺乏；有的因为后代教育受到忽略而衰败，家族自我建设、自我完善的能力缺乏。在一段时间内，维系家族发展的灵魂人物一旦去世，家族往往就失去了依托，后代便由此一蹶不振。

自孔子以后，孔子家族在两千多年的时间里绵延不断，每一代人都有清晰可追溯的传承和历史记录。这在整个人类历史上都是绝无仅有的。

更重要的是，孔子家族在孔子开创的儒家思想逐渐成为社会正统思想之后，在大部分历史时期都保持着中国人对家族理想的追求的相对理想状态。孔子的后代从未进入中国权力的最高阶层，从未成为真正的政治权力结构的一部分。历代孔子后人的生活，固然是建立在每一个历史时期的土地制度、财产制度、税收制度、人口制度等一系列社会制度基础上，但是在大多数历史时期内都拥有充足的社会资源，进而能够最大限度地实现中国人对理想的家族结构、家族生活的期望。在一定意义上来说，孔子家族的生活正是中国古人心中所希望的家族生活的样子。

孔子家族不同于其他家族，总能对全社会产生示范性、引领性的作用。其家族思想和家族行为不仅影响自己家族，更是影响了整个中国家族的社会结构。了解孔子家族的命运和生活方式，要先了解孔子的性格、命运和生活追求，这既是理解孔子家族的重要路径，也是理解整个中国社会结构、中国社会思想变化的重要路径。

孔子没有真正为家族提出明确的家训，也没有提出明确的财产和家族管理制度、家族生活范式。不过孔子及其弟子所开创的儒家思想，从根本上论证了家族在整个中国社会结构中的位置、家族与天下的关系。在中央集权的权力结构下，家族力量成为政府力量的重要延伸和重要支持。这一论述为历朝所推崇和实践，它使得中国家族的力量既没有大到可以决定地方政治，也没有弱小到无法为个人提供生活和精神上的支持。在生产力不发达、中央政府管理能力不足的年代，这种关系有力地维护了国家统一和社会稳定，有力地提升了大量底层百姓的生活状况和福利状况，有力地传承了思想、制度和习俗，反过来也促进了社会稳定和家族制度的延续。

第二章

尊道授业，仰之弥高：孔子的追求与影响

孔子讲学图

第一节 孔子的父母

孔子的父亲叔梁纥是孔父嘉的五代孙。到了叔梁纥一代，孔子家族从宋国到鲁国避难已经是第四代人了。叔梁纥为鲁国立下过两次战功，在历史上留下了一些记载，也因此成为有身份的士阶层。

第一次，鲁襄公十年（前563），以晋国为首的几个诸侯国联合起来，进攻偪阳国（今山东省枣庄市境内），鲁国是晋国一方的参战国。诸侯国在包围了偪阳城之后，一直无法攻破城门。一天，守城的偪阳人突然把城门打开了，进攻的军队见状马上派人攻入城内，在部分进攻士兵进入城内之后，偪阳人却开始放下城门，意图把攻城队伍拦腰截断，寻机瓮中捉鳖。正在此时，“郰（今山东省曲阜东南）人纥抉之以出门者”，叔梁纥用手托起了正在放下的沉重的城门，使先入城的队伍能够及时退出，避免了损失。凭借偪阳之战立下的战功，叔梁纥被封为郰邑大夫，跻身于低级贵族阶层。

第二次，鲁襄公十七年（前556），齐国军队入侵鲁国北部地区。其中，一路人马包围了防（位于今山东省成武县），鲁国大夫藏纥、藏畴，还有叔梁纥都被围在里面。鲁国派出军队前往接应救援，但援军害怕齐军，不敢接近。在这种危急情况下，叔梁纥和藏畴率领三百壮士，乘夜色突围，保护大夫藏纥回到鲁国。然后，叔梁纥又重新杀回防，与援军内外夹击，打跑了齐国军队。

这两则故事都记录在《左传》中。鲁襄公十七年，叔梁纥已经是63岁的老人了。自此以后，叔梁纥“以勇力闻于诸侯”（《孔子编年》）。

叔梁纥先娶了一位施氏女子为妻子，生了九个女儿，没有儿子；之后又娶了一个妾，生了一个儿子，不过这个儿子有一些先天的疾病。孔子是叔梁纥与另外一位颜氏女子颜徵在生下的第二个儿子，某些批判孔子或儒家思想的人常把孔子称为“孔老二”，以示蔑视，实际上孔子的哥哥身患疾病，无法继承家业。《孔子家语·本姓解》是这样记载的：

> 颜氏有三女，其小曰徵在。颜父问三女曰：“陬大夫虽父祖为士，然其先圣王之裔。今其人身长十尺，武力绝伦，吾甚贪之。虽年长性严，不足为疑。三子孰能为之妻？”二女莫对。徵在进曰：“从父所制，将何问焉？”父曰：“即尔能矣。”遂以妻之。徵在既往，庙见。以夫之年大，惧不时有勇，而私祷尼丘之山以祈焉。生孔子，故名丘，字仲尼。

叔梁纥的身份虽然只是士，但是名声很好，颜氏的父亲看好他的未来，颜氏的小女儿“一切听父亲的安排”，后来生下孔子。尼丘是今天曲阜市的一处地名。孔子排行第二，按照伯仲叔季的次序，字带有“仲”。

不过，研究者普遍认为《孔子家语》记载的这段话是后人为孔子出身附会而出的。《史记·孔子世家》说："纥与颜氏女野合而生孔子，祷于尼丘得孔子。"有人认为"野合"是指叔梁纥与颜徵在两人年龄相差过大，其婚姻有违礼制，也有人认为"野合"是指孔子私生子的身份。生孔子的时候，叔梁纥已经66岁，而颜徵在可能只有15岁。孔子确实是私生子，只是他的出身是无法影响其思想的光辉的。孔子本人向来以"有教无类"为行事原则，从不以出身贵贱论高低，他的学生里，既有富可敌国如子贡这样的人，也有出身贫贱如子路这样的人，他们都同样得到孔子的赏识。

人们将仲尼称为孔子，是一种尊重。"某子"为尊称，"孔"始于孔子的先祖孔父嘉，是孔子祖先在宋国的最后一代人。尊称为"孔子"，表示孔子先辈自宋国迁居鲁国之后，能开始继承孔氏家族在宋国孔父嘉以前曾经有过的荣誉和传统了。孔子的后代则直接将"孔"作为了姓，自此以后绵延两千多年至今。

孔子的身世十分悲惨，在他3岁时，即鲁襄公二十四年（前549），父亲叔梁纥就去世了，葬于防山之阴。到了一千多年之后的北宋大中祥符元年（1008），宋真宗追封叔梁纥为"齐国公"。金代明昌五年（1194），孔子五十一代孙孔元措为叔梁纥墓立了石碑，上书"圣考齐国公墓"。元代至顺二年（1331），元文宗加封叔梁纥为"启圣王"，所以现在叔梁纥墓前也立有一块"大元追封启圣王墓"的碑。

叔梁纥去世后，颜徵在带着3岁的孔子，迁居到鲁国国都曲阜城内的阙里居住。那个时候的阙里与现在曲阜城内的阙里不是同一处地方，也不是今天曲阜孔庙东侧的阙里街。

颜徵在带着小孔子一起生活，家里的生活条件不好。在成年之后，孔子还说自己“吾少也贱，故多能鄙事”（《论语·子罕》）。不过，母亲一直重视孔子的教育，希望孔子从小就能成为一个身端影正之人。《史记·孔子世家》：“孔子为儿嬉戏，常陈俎豆，设礼容。”

不幸的是，鲁昭公七年（前535），孔子17岁时，母亲颜徵在也去世了。《礼记·檀弓》：“孔子少孤，不知其墓，殡于五父之衢。”父亲去世时，孔子尚不记事，甚至都不甚清楚父亲墓地所在。这时候，年轻的孔子将母亲的灵柩放在曲阜的一条大路旁，请求周围人帮他去指认父亲的墓地，以便将母亲与父亲合葬在一处。后来得到一位车夫的帮忙，这位车夫曾经是母亲的邻居，才将其父母合葬于防。

《礼记·檀弓》记载：“孔子既得合葬于防，曰：‘吾闻之，古也墓而不坟。今丘也东西南北人也，不可以弗识也。’于是封之，崇四尺。”此时的孔子只有17岁，没有稳定的事业，生活没有着落，所以说自己是“东西南北人”，游荡在鲁国各处，居无定所，他担心有朝一日找不到父母的墓地，于是创造性地在墓地修了“坟”，也就是几尺高的土包，以便于辨认墓地的位置。

可以说，除了血缘关系，孔子几乎没有直接受到父亲的影响，这主要是因为他的父亲去世太早。孔子的性格与气质可能更多受到母亲的影响，但是恐怕也十分有限。在他青春期刚刚结束时，母亲也去世了。从此以后，孔子再也没有可以依靠的人，只能靠自己去创造生活，孔子的性格与气质来自家庭，更来自他的自我教育。

《史记·孔子世家》记载："孔子年十七，鲁大夫孟僖子病且死，诫其嗣懿子曰：'……孔丘年少好礼，其达者欤？吾即没，若必师之。'及僖子卒，懿子与鲁人南宫敬叔往学礼焉。"一个年轻人竟然能被当时鲁国重要人物孟僖子视为"好礼"之人，并且在临终前要自己的两个儿子拜年轻的孔子为师，这放在今天也是足以引起众人注意的奇事了。

后来，孔子带着南宫敬叔等人前往当时的都城洛邑参观学习，并且拜访当时的著名思想家老子。《孔子家语·观周》有所记载。

> 孔子谓南宫敬叔曰："吾闻老聃博古知今，通礼乐之原，明道德之归，则吾师也。今将往矣。"
>
> 对曰："谨受命。"
>
> 遂言于鲁君曰："臣受先臣之命云：'孔子，圣人之后也，灭于宋，其祖弗父何始有国而授厉公，及正考父，佐戴、武、宣，三命兹益恭，故其鼎铭曰：一命而偻，再命而伛，三命而俯，循墙而走，亦莫余敢侮。饘于是，粥于是，以糊其口。其恭俭也若此。臧孙纥有言，圣人之后，若不当世，则必有明君而达者焉。孔子少而好礼，其将在矣！'属臣曰：'汝必师之！'今孔子将适周，观先王之遗制，考礼乐之所极，斯大业也。君盍以乘资之臣请与往。"
>
> 公曰："诺。"
>
> 与孔子车一乘，马二匹，竖其侍御。敬叔与俱。

由于家庭条件太差，孔子缺少前往都城的物质基础，所以他想了一个办法，就是请他的学生出面，向鲁国申请前往洛邑学习。南宫敬叔的哥哥是鲁国执政者之一，也是孔子的学生，所以经过申请之后，孔子获得了一次前往都城洛邑学习的机会。

孔子在洛邑的行程虽然紧张，但收获满满。《孔子家语·观周》：“至周，问礼于老聃，访乐于苌弘，历郊社之所，考明堂之则，察庙朝之度。于是喟然曰：‘吾乃今知周公之圣与周之所以王也。’”“自周反鲁，道弥尊矣。远方弟子之进，盖三千焉。”

通过这一趟参观学习，孔子既收获了知识学问又收获了名声，也为自己的未来找到了方向，就是做一个教育家。前来投奔他的学生越来越多，教授学生逐渐成为孔子一生的事业。

第二节 孔子的人生理想

孔子一生从事过各式各样的活动，后世对孔子也有各式各样的评价，不过孔子根本上还是一名教育家，他的人生主要是从事教育活动，并且通过经由自己创新的教育模式来改变社会。孔子以后，整个孔氏家族的人，无人不重视教育，这成为孔氏家族最重要、最明显的家风之一。

《论语·为政》中留下孔子对自己一生的总结回顾，他说："吾十有五而志于学，三十而立。"孔子在母亲还在世之时，开始理解学习的重要性，之后，他不断通过学习来提升自己的思想认识，增进自己的见识，扩展自己的精神世界。

从小失去父亲，年轻时再失去母亲的孔子，一直依靠自己的力量在鲁国，乃至当时黄河中下游各诸侯国之间往来，在不断的学习中形成了积极进取、乐观向上、谦虚好学、豁达开朗、敢于创新、淡泊名利的人生观念。这些精神品质被孔子的弟子们记录在《论语》等历史文献中，也体现在孔子主持整理的古代经典中，成为整个孔子后人在后来两千多年的时间里始终不变的价值追求，也影响了自秦汉以后整个中华民族的精神品质，成为当今世界重要的思想体系。

在理解孔子及其家族总体性格气质的追求时，有两点是值得后人注意的，也是经常为后人所忽略的。

第一，孔子从不讳言自已贫贱的出身，也从不以出身的贵贱作为衡量是非善恶的标准。《史记·孔子世家》：“孔子贫且贱。及长，尝为季氏吏，料量平；尝为司职吏而畜蕃息。”《孟子·万章下》也提到这一内容，“孔子尝为季吏矣，曰：会计当而已矣。尝为乘田矣，曰：牛羊茁壮长而已矣”。年轻时的孔子，在比较贫困的环境下，从事过各式各样的工作，也充分理解了社会。

第二，孔子一直努力推动创新，创新所带来的活泼的人生感受是孔子形成积极人生观的根本源头。在近代以来的历史上，很多人曾一度将儒家思想理解为保守与落后的象征，将孔子视为固执迂腐的典型，这并非是孔子本人的真实形象。在今天看来，孔子的很多做法在当时都意味着巨大的创新。

《论语·八佾》记载了孔子在洛邑谦虚学习的场景：“子入太庙，每事问。或曰：‘孰谓邹人之子知礼乎？入太庙，每事问。’子闻之，曰：‘是礼也。’”本来，孔子以知礼闻名于当时，不过孔子对所谓的“礼”进行了新的人文化的定义，不再以知道更多的礼仪制度作为知礼的标志，而是将发自内心的尊重、谦虚、好学等优秀的道德品质作为知礼的标志。

“礼”只是孔子开创的儒家思想的一个基本概念，可以说，正是孔子完成了整个儒家思想体系的人文化转变，整个儒家的思想体系开始变成与每个人的日常生活、与人伦关系息息相关的人文思想。

就孔子所生活的背景而言，他所开创的教育活动也是历史性的创新。孔子所开办的学校，一开始并没有被多少人认可。虽然今天的人能够理解当时孔子所提倡的诗书礼乐十分重要，可是对于当时的普通人来说却并不实用。相对于实用技能，诸如修理马车、建造房屋、制作生活器具等具体技能的传授来说，诗书礼乐在当时似乎并不能作为众多教育活动的主要内容，它们无法带给人们一种切实的技能。

在孔子生活的年代，办教育的人很多。大家都办教育，传授自己所擅长的专门技能。《论语·微子》提到“大师挚适齐，亚饭干适楚，三饭缭适蔡，四饭缺适秦，鼓方叔入于河，播鼗武入于汉，少师阳、击磬襄入于海”，这句话可能是孔子去世之后，某位弟子看到像孔子的高徒子张、子夏等具有影响力的年轻俊才各自星散，离开鲁国，而发出感慨，也反映了春秋末期，周王朝势力逐渐衰微，一些本来为周王朝效力的人才，各自回到不同的地方，开始从事传授技能的职业，实际上就是从事教育活动。

孔子本人可能也擅长一些技能，比如驾车，当时称之为“御”，是“六艺”（即礼、乐、射、御、书、数）的一种。这在当时可能是一个人需要学习的通用技术之一。《论语·子罕》中载：“达巷党人曰：‘大哉孔子，博学而无所成名。’子闻之，谓门弟子曰：‘吾何执？执御乎？执射乎？吾执御矣。’”

有人站在当时一般人的视角，为孔子感到惋惜，表示孔子虽然博学多闻，杂学旁收，但是没有一样属于实用技能，可能就像今天一个人只懂得没有实用技能的文史哲，而不懂得理工科知识一样，孔子只好回应，在通用技能中，射和御都是自己所擅长的，只是这些实用技能本来就不是自己所开办的学校中教学的重点。

在孔子晚年，他的教育思想已经逐渐产生了一些影响。在孔子结束周游列国回到鲁国后，有一次孔子的高足子贡离开孔子，到卫国出访，卫将军文子对于孔子的教育方式已经久有耳闻，因此向子贡请教。这个时期孔子的教学方法、教学内容的次序，已经远播各诸侯国。《孔子家语·弟子行》："卫将军文子问于子贡曰：'吾闻孔子之施教也，先之以《诗》《书》，而道之以孝悌，说之以仁义，观之以礼乐，然后成之以文德。'"

《论语·述而》也提到"子以四教：文，行，忠，信"。

《论语·学而》则有"子曰：'弟子入则孝，出则悌，谨而信，泛爱众，而亲仁。行有余力，则以学文。'"

对于孔子的教育思想，可见《论语》的开篇："子曰：'学而时习之，不亦说乎？有朋自远方来，不亦乐乎？人不知，而不愠，不亦君子乎？'"《论语》中的这句读起来朗朗上口的话，是孔子所开办学校的宣传语，在当时的诸侯国之间广为流传，人人皆知，所以后来孔子的弟子在编纂《论语》时将其放在了《论语》的开篇。这句话分三部分：

第一句，要求大家来学习。可能在当时，全社会并没有意识到教育活动的重要性，没有好学成风的氛围。孔子对好学精神的宣传也不遗余力，反复声明自己好学。《论语·公冶长》："子曰：'十室之邑，必有忠信如丘者焉，不如丘之好学也。’”

第二句，对于已经开始前来学习的学生，表示“欢迎大家前来就读”。

第三句，告诉学生本学校的特点，不是教授实用技能，而是要培养君子。《论语·宪问》：“子曰：‘古之学者为己，今之学者为人。’”

“人不知而不愠”，对于受教育的学生来说，这是一则基本认识；对于孔子本人来说，则是即使自己的做法不为人所知，也没有关系。

可以说，正是孔子开创了这样一种以非实用技能为主要教学内容的教育思想，并且亲自践行，而且在当时就取得了比较广泛的影响。这种教育模式在孔子去世之后的中国持续了很长时间，也在同时期的西方世界长时间存在，直到工业革命之后，实用技能才再一次进入并且逐渐成为现代教育的一部分。

在孔子之前，中国没有人将教育活动作为专门的事业来对待，教育活动只是依附于国家政治与宗教活动，没有人充分理解教育活动的重要性，也没有人充分知道历史典籍与一种共同的价值观传承的重要性。

自孔子以后，教育活动开始在中国变成越来越重要的事，乃至成为支撑整个中华民族生生不息的根本动力。上自国家，下至个人，以及作为社会中坚力量的家族，都将教育视为本分，视为一种不容置疑的正确活动。在孔子之后的两千多年里，中华民族曾经无数次遭受战乱，无数次经历社会秩序的颠覆性破坏，但每一次都能在结束战乱之后迅速恢复社会正常秩序，这正是教育活动深刻影响的体现。正是教育活动通过对历史文献和生活习俗的传承，将一种稳定的价值观深深地刻在每一代人的心中，整个社会才不至于在混乱中迷失方向，中华民族也才能在种种艰难的历史境遇中不断前行。

在历史上，只有重视教育的家族才能真正经得起时间的考验而长盛不衰。这是孔子对孔氏家族家风的重要贡献，更是孔子对整个中华民族各个家族的贡献。

第三节 孔子的性格与气质

自古以来，关于孔子的文献浩如烟海，从个人的角度应该怎么评价孔子及他留给后代的精神品质呢？

孔子的弟子子夏曾这样描述孔子："君子有三变：望之俨然，即之也温，听其言也厉。"（《论语·子张》）远看起来严肃和冷漠，接近他又觉得温和可亲，听他说话，感觉严厉，一丝不苟。孔子的性格气质，是整个孔氏家族的性格气质的源头。

孔子的弟子子贡这样评价孔子："譬之宫墙，赐之墙也及肩，窥见室家之好。夫子之墙数仞，不得其门而入，不见宗庙之美，百官之富。得其门者或寡矣。夫子之云，不亦宜乎！"（《论语·子张》）用围墙做比喻，我自己家围墙只有肩膀这么高，从外可以看到里面房屋的美好。我老师的围墙有几丈高，找不到走进去的大门，就无法看见里面的雄伟、富丽。

孔子的弟子颜回这样评价孔子："仰之弥高，钻之弥坚，瞻之在前，忽焉在后。夫子循循然善诱人，博我以文，约我以礼。欲罢不能，既竭吾才，如有所立卓尔；虽欲从之，末由也已。”（《论语·子罕》）越是仰慕老师的学问，越觉得他无比崇高；越是钻研探讨，越觉得他坚实深厚，即使想追赶也追赶不上。

孔子是如何评价自己的呢？有一次，他的弟子子路与叶公见面，叶公问子路，孔子是怎么样的人。子路不会回答。孔子知道后说：“女奚不曰，其为人也，发愤忘食，乐以忘忧，不知老之将至云尔。”

今天的人们站在新的时代，以新的视角、新的关怀、新的需求理解孔子，不仅要知道一直以来所熟知的孔子的性格气质，而且要从家庭、家族文化传承的视角，透过表面现象，理解孔子本人更深层次的、少为人知的精神世界。如此，才能更加准确地理解孔子以及孔氏家族，才能理解孔子一生至死不渝的人生追求，才能理解孔氏家族对一些精神品质的默默坚守。

长久以来，包括孔子的学生在内，都普遍倾向于将孔子理解为高高在上、不食人间烟火的圣人，而如果站在普通人的角度理解孔子，我们能更清楚地认识到孔子的人生选择和人生理想。

在孔子的所有特点中，豁达开朗、宽容慈悲是他性格的主要底色，对外部世界强烈的热爱和不断探索、不断创新是孔子性格的表现。可以说，正是这种发自天然、发自内心的对外部世界的热爱，支持着孔子积极向上，不畏惧困难，不断前行，明知不可为而为之，在恶劣的条件下发展出自己的思想和事业；正是孔子内心的豁达与宽容，才让孔子没有被前行路上的种种困难所吓倒、所伤害。

孔子的一生犯过错误，受过嘲笑，受过讽刺，不被理解，颠沛流离；幼年丧父，少年丧母，晚年丧子，最喜欢的学生去世最早，他比一般人受的苦多得多。少年时期的艰难，对孔子坚韧、达观品格的形成也有一些作用，他性格中的这一面支持着他强大的精神世界。

孔子在带领学生周游列国的过程中，路过许多地方。《论语·宪问》中有一段故事：子路宿于石门。晨门曰："奚自？"子路曰："自孔氏。"曰："是知其不可而为之者与？""知其不可而为之"，就是对孔子精神理想的最好表达。

《论语·微子》有这样一段记载：

长沮、桀溺耦而耕，孔子过之，使子路问津焉。长沮曰："夫执舆者为谁？"

子路曰："为孔丘。"

曰："是鲁孔丘与？"

曰："是也。"

曰："是知津矣。"

问于桀溺，桀溺曰："子为谁？"

曰："为仲由。"

曰："是鲁孔丘之徒与？"

对曰："然。"

曰："滔滔者天下皆是也，而谁以易之？且而与其从辟人之士也，岂若从辟世之士哉？"耰而不辍。

子路行以告。夫子怃然曰："鸟兽不可与同群，吾非斯人之徒与而谁与？天下有道，丘不与易也。”

有一次，孔子和弟子们来到一条河边，找不到渡口，看到远处田里有两个人在干活，孔子便让子路去问路。其中一个人知道他们是孔子一行之后，对子路说：“世道纷乱，礼崩乐坏。你们怎么可能改变这种现状呢？你与其跟随孔子，不如跟随我们，逃离世界。”子路回来把这些话告诉孔子，孔子叹息说：“人是不能与鸟兽生活在一起的，我不同这世上的人在一起，还同什么在一起呢？不正是由于天下无道，才要我们来努力治理吗？假若天下有道，我就不用来努力了。”

孔子的思想给人带来很多原则和束缚，完全按照孔子的思想来执行，经常使人的精神变得紧张，难以放松。这恐怕是因为没有注意到孔子思想的一些细节。孔子比其他人更加积极地面对世界上的诸多问题，因此会犯更多的错误，也必然会遭遇更多的矛盾，更多的困难，更多的不理解，乃至嘲笑。《史记·孔子世家》提到孔子是这样对待嘲笑和不理解的：

> 孔子适郑，与弟子相失，孔子独立郭东门。郑人或谓子贡曰：“东门有人，其颡似尧，其项类皋陶，其肩类子产，然自腰以下不及禹三寸。累累若丧家之狗。”子贡以实告孔子。孔子欣然笑曰：“形状，末也。而谓似丧家之狗，然哉！然哉！”

孔子在周游列国的时候，路过郑国，和弟子们走失了，他独自站在郑国外城的东门。有个郑国人见到子贡，说：“东门有个人，他的额头像唐尧，他的脖子像皋陶，他的肩膀像子产，然而腰以下的高度比夏禹差三寸，瘦瘠疲惫的样子，好似丧家之犬。”子贡把实话告诉孔子。面对这样对自己外貌和遭遇所开的玩笑，孔子竟然欣然笑着说，他描述的我的外貌，未必是真的，但说我像丧家之犬，这太正确了。

这时候，孔子已经五六十岁了，功名未建，但是仍旧坚持自己的理想，遇到这样的讽刺也能一笑待之。在此之前的几十年里，孔子遇到的种种不理解恐怕更多，也可以想象到孔子一直以来的豁达与坚守。

孔子也曾遭遇种种困难，《史记·孔子世家》中记载他是这样对待危难的：

将适陈，过匡，颜刻为仆，以其策指之曰："昔吾入此，由彼缺也。"匡人闻之，以为鲁之阳虎。阳虎尝暴匡人，匡人于是遂止孔子。孔子状类阳虎，拘焉五日，颜渊后，子曰："吾以汝为死矣。"颜渊曰："子在，回何敢死！"匡人拘孔子益急，弟子惧。孔子曰："文王既没，文不在兹乎？天之将丧斯文也，后死者不得与于斯文也。天之未丧斯文也，匡人其如予何！"

孔子在去陈国的路上经过匡地，弟子颜刻替他赶车，颜刻用马鞭子指着说："从前我进入过这个城，就是由那缺口进去的。"匡人听到这话，误以为是鲁国的阳虎来了，因为阳虎曾经残害过匡人，于是匡人就围困了孔子。孔子的模样很像阳虎，所以被困在那里整整五天。颜渊后来赶到，孔子说："我还以为你死了。"颜渊说："老师您活着，我怎么敢死！"匡人围攻孔子越来越急，弟子们都很害怕。孔子说："周文王已经死去，周代的礼乐制度不就在我们这里吗？上天如果要毁灭这些礼乐制度的话，就不会让我们这些后死的人承担起维护它的责任。上天并没有要消灭周代的这些礼乐，匡人又能把我们怎么样呢！"

《论语·卫灵公》提到这段历史时说："在陈绝粮，从者病，莫能兴。子路愠见曰：‘君子亦有穷乎？’子曰：‘君子固穷，小人穷斯滥矣。’”

每个人都难免犯错，积极入世的孔子，遇到的事情更多，面对的错误自然也多。他对待错误有着坦然的态度。按照当时的礼俗，同姓之间不能结婚。鲁昭公娶了同姓女子。有人问孔子：“昭公知礼乎？”孔子回答说：“知礼。”有人点破了鲁昭公的问题，孔子知道后说：“丘也幸，苟有过，人必知之。”（《论语·述而》）我真是幸运，有了错，人家都能知道。

在两千多年之后的今天，儒家思想已经深入大多数中国人的灵魂深处，可是人们对于儒家思想常常只是停留在“认可”的层面，缺乏践行的内生的动力。一个人愿意为国家、为自己的事业、为自己的家庭尽责，这在大多数人的生活中，可能只是出于一种习俗或者社会道德的规范，而不是发自个人性格，不是发自人性本身的内在需求。

毕竟，承担家庭责任、社会责任需要个体付出许多时间和精力，乃至放弃个人全部的喜好、个人的生活甚至生命，需要面对承担责任过程中可能出现的种种错误、矛盾、困难、不理解，乃至嘲笑。促使一个人放弃理想、放弃责任的因素往往不是物质，不是道德，而是精神世界无法面对外部的不理解。

后人可能会认为，孔子愿意这样以极大的勇气，一生坚持“出则事公卿，入则事父兄”，是一种天然拥有的高尚情操，是圣人精神品质的体现。实际上不是这样。世界上没有谁是天生的圣人，孔子也是普通人，孔子之所以愿意这样，愿意付出个人的时间和精力，并不是因为自己天生就是一个圣人。孔子出身寒微，3岁丧父，幼时生活困窘，后又丧母，并没有任何突出的天赋和突出的道德感，孔子也从未表示自己要做一个圣人，所以一切的根源并不在此，而在于孔子的精神世界。

因为孔子的精神世界宽容而开朗，豁达而慈悲，有一颗勇于面对错误、面对困难、面对矛盾、面对不理解、面对嘲笑的心，所以才能有渴望体验复杂的外部世界，为世界做出贡献、承担责任的意愿。这才是孔子性格气质的源头。因为豁达，所以才能不畏惧困难；因为不畏惧困难，所以才能积极向上、勤奋好学，才能愿意面对极差的物质条件，才能愿意坚守一些十分不易的人生原则。

每个人的生活中都有种种挫折和困难，每个人也都发自内心地愿意变成不怕困难、积极向上、承担多种责任的人，但是愿意做，并不等于有足够的精神世界来支持这种意愿。儒家思想倡导积极入世，入世就意味着责任，意味着需要足够强大的精神世界来支持这种责任。或者说，每个人的内心其实都是软弱的，绝大多数普通人都并非天生强大，面对同样的困难，有的人积极向上，有的人难免消沉，可能不同人有不同的处理办法，能从不同的路径获得安慰、获得精神动力，而孔子的思想带给我们的是这种豁达的精神。这是孔子能够不断面对困难，形成积极向上人生观的根本源头。

这种豁达的性格影响了孔氏家族，也影响了整个中华民族的性格气质、生活方式和价值观念。不论是一个人，还是一个家族，一个国家，只要承担自身的责任，就十分不易，有种种困难和挫折。西方意义上的宗教信仰一直没有成为中国社会的主流，千百年来，中国人能在没有宗教信仰的情况下，经历挫折和磨难，而不惧困难、不断前行，可能正是与孔子所留下的这种积极阳光的性格有很大的关系。

与孔子生活年代相近的时期，古希腊也生活着一些对后世有深远影响的先哲。相比之下，孔子的思想更切实，他的性格气质、脾气、行为也更具有平实的魅力。

第四节 孔子行教，师生如父子

孔子从未忘记自己的祖先，从未忘记自己来自宋国，是殷商遗民。《史记·孔子世家》提到孔子去世前七天见到了弟子子贡，“夏人殡于东阶，周人于西阶，殷人两柱间。昨暮予梦坐奠两柱之间，予始殷人也”。孔子说做梦梦见自己坐在两个柱子之间，进而说自己的内心还是理解和接纳殷商制度的。

孔子去世之时，他唯一的儿子孔鲤已经去世多年，所以孔子的丧事主要由他的学生来操办。

《论语·子罕》：

> 子疾病，子路使门人为臣。病间，曰：“久矣哉，由之行诈也！无臣而为有臣，吾谁欺？欺天乎？且予与其死于臣之手也，无宁死于二三子之手乎！且予纵不得大葬，予死于道路乎？

孔子病重了，子路安排同门弟子充当家臣，准备料理后事。孔子在病好些期间，知道了这些事，他说："仲由做这些欺诈的事情很久了，我没有家臣而冒充有家臣，我欺骗谁呢？欺骗上天吗？况且我与其死在家臣手里，还不如死在你们这些弟子手里。而且纵使不能大办丧事，我就会死在道路上吗？"

孔子去世后，鲁哀公写下了诔辞："旻天不吊，不慭遗一老，俾屏余一人以在位，茕茕余在疚。呜呼哀哉！尼父，毋自律！"（《史记·孔子世家》）

《礼记·檀弓上》："孔子之丧，门人疑所服。子贡曰：'昔者夫子之丧颜渊，若丧子而无服，丧子路亦然。请丧夫子，若丧父而无服。'"孔子去世时，颜回、子路都已经去世了，子贡俨然是大师兄，他主导了弟子对孔子去世之后的服丧。弟子服"无服之丧"三年，也就是不穿丧服，但是按照守丧的礼节来生活。在所有弟子中，子贡单独服丧六年。《孔子家语·终记解》："二三子三年丧毕，或留或去，惟子贡庐于墓六年。自后群弟子及鲁人处于墓如家者，百有余家，因名其居曰孔里焉。"

从此以后，守丧三年成为儒家行为规训之一。《礼记·檀弓上》说："事师无犯无隐，左右就养无方，服勤至死，心丧三年。"

正是孔子和他的弟子之间的这种做法开创了老师与学生之间的极为特别的关系，师生之间、同门师兄弟之间形成一种近似血缘关系的感情。

在中国古人看来，学生进入老师门下，在一定意义上来说就有了一种不是宗亲但可以类比宗亲的关系。在明清时期，学生在一定意义上就是老师家里的一员，在一些情况下，社会舆论认为学生可以参与老师的家庭事务。明代大思想家王阳明去世之后，他的家里有一些纷争，王阳明的学生们便参与这些纷争的处理，甚至不同的学生对于如何处理王阳明身后的家庭事务还产生了矛盾。明朝著名文人张溥是当时文学团体“复社”的领导人，他死后，家里曾经的仆人甚至欺侮其后代亲属，于是张溥的学生便出来干预此事。学生参与老师家庭事务这种事情在当时被认为是理所当然的。

启功在他的老师陈垣去世后曾写下这样的挽联：“依函丈卅九年，信有师生同父子；刊习作二三册，痛余文字誉陶甄。”启功先生所说的“师生同父子”的话，正是传统时代中国人心中师生关系的真实写照。

孔子去世后，弟子们把他葬于曲阜城北泗水之上。很多弟子来到这里参加他的葬礼，这些弟子自发地从各地带来树苗，栽种在孔子墓地的周围，以表达对老师的哀思，希望老师的思想光辉能像这些树苗一样茁壮成长。久而久之，在孔子墓地栽种树木成了一种传统。从孔子去世几百年后的东汉开始，孔子墓地周围栽种的树木越来越多，孔子的许多后代也埋葬在这里，孔子墓成了孔氏家族最重要的墓地，孔墓也进一步发展成颇具规模的孔林。今天的孔林面积有三千亩之大，并且有围墙环绕。

孔子为孔氏家族留下了丰富的精神财富。孔子的一生一直专心求学、悉心育人，以拥有广博的知识作为人生的最大荣誉，以所学知识能够有助于国家和社会为基本理想。尊重教育，也尊重历史，孔子无论对于自身家族，还是对于中华民族的历史，都充满敬意。为学则专心致志，为官则爱民守分。在孔子之后，他留下的精神传统一直影响着他的家族。历史上的孔氏家族一直将尊礼守法作为基本家风，尊重家族传统，尊重家族历史积累，注意家族文献保存，重视家族教育，并且将家族传统作为重要的家族精神来追求。正是这样，孔氏家族才在中国历史上不断绵延，不断发展壮大。

不断将所学思想与所在时代的发展紧密联系在一起，做出创新，这是孔子思想的最重要特点，也是孔子留给后人的最重要精神财富。孔子是一名教育家，在孔子开创的教育体系中，“诗书”“礼乐”“仁义”“孝悌”这些观念对后来中国文化的发展产生了深远影响，以至于直到今天也继续为大多数中国人所认可。孔子是如何进行创新的呢？

以“孝”为例。《论语》记载了多处孔子与弟子或者他人讨论“孝”的主题。《论语·为政》：

孟武伯问孝。子曰：“父母唯其疾之忧。”

子游问孝。子曰：“今之孝者，是谓能养。至于犬马，皆能有养。不敬，何以别乎？”

子夏问孝。子曰：“色难。有事，弟子服其劳；有酒食，先生馔，曾是以为孝乎？”

在今天的人看来，“孝”主要是一种子女与父母之间的人伦关系。《说文解字》：“孝，善事父母者。”不过，在孔子生活的时期，“孝”这个字，可能还没有完全确定形成这样的意思；在那时之前，“孝”的意思可能主要并不是与世俗化的人伦关系有关，而是与祭祀活动有关。孔子所处的时期，是“孝”作为一种概念的转变时期。

在今天所认识的商代甲骨文中，尚没有发现“孝”字。在《周易》《诗经》这些比孔子生活的时间要早一些的文献里，“孝”和“享”常常并列存在，“享”是表示将祭品贡献给祖先或者神明，“孝”也是类似的意思。

比如《周易·萃卦》卦辞：“王假有庙，利见大人。”《彖传》：“王假有庙，致孝享也。”孔颖达《正义》说：“享，献也。聚道既全，可以至于有庙，设祭祀而致孝享也。”

比如《诗经·天保》：“吉蠲为饎，是用孝享。禴祠烝尝，于公先王。君曰卜尔，万寿无疆。”

比如《诗经·载见》：“率见昭考，以孝以享。以介眉寿，永言保之，思皇多祜。”

在这些典籍中，“孝”均是表示祭祀祖先的活动。《尔雅·释诂》：“享，孝也。”认为“享”即“孝”。清代马瑞辰的《毛诗传笺通释》针对《诗经》中的用法认为：“用孝养厥父母。”“孝、享二字同义，故享祀亦曰孝祀。”

可以看到，在孔子之前，“孝”字并非一直有和后世一样的用法。在孔子之前，中国许多汉字的概念都与后来的不同，有的汉字的概念并没有出现抽象化的用法，有的汉字的概念带有宗教或者有神论色彩。“孝”字在孔子之前的文献中经常带有祭祀的意味，而在孔子之后，则完成了人文化的转向，极少用于表示祭祀活动，而开始具有人伦意义上的味道，即拥有了《说文解字》中所说的“善事父母者”的意思。

在孔子的教育和影响下，他的学生、后代普遍将“孝”视为最重要的人伦之常。“一家仁，一国兴仁；一家让，一国兴让。”（《大学》）在孔子将中国的思想发展轨道引导进“人伦为本”的路线之后，孔子的思想慢慢开始超出对本家族和学生的影响，儒家思想也成为我国传统社会的基础认同。

第三章

八代单传，君子明道：春秋战国时期的仁德之家

孔宅故井和鲁壁

第一节　孔子教子

孔子20岁的时候就有了儿子孔鲤。《孔子家语·本姓解》：“至十九，娶于宋之亓官氏。一岁而生伯鱼，鱼之生也，鲁昭公以鲤鱼赐孔子，荣君之贶，故因以名曰‘鲤’，而字伯鱼。”

“亓”，为古“其”字。段玉裁的《说文解字注》：“丌字，亦作亓，古多用为今渠之切之‘其’。”“亓官”这一姓氏在历史上只在此处提及孔子夫人时出现过，后来可能简化为了“亓”姓。《姓氏考略》就说：“丌音姬，一作亓，为亓官氏所改，鲁有丌姓。”

宋之亓官氏即宋国的亓官氏，孔子的夫人，这是历史上仅存的关于孔子夫人的记载。在当时，孔子所在的鲁国与宋国并不是一个国家。作为曾经宋国的贵族，居住在鲁国，而娶宋国的女子为妻，这样的情况很普遍。也有一种情况可能是，亓官氏也像孔子一样，只是祖籍为宋国，后来迁居到鲁国，但在向人说起时仍说自己是宋人。《至圣先师孔子年谱》中记载：“孔圣十九而娶，则上古亦滞甚矣。晁按，鲁有安乐里，圣配亓官氏之所居也，汉永寿二年鲁相韩叔以圣族之亲礼所宜异，复（免税）其邑中……今云娶于宋，岂时本在宋，其后迁于鲁地？然而不可考矣。”

孔子对于儿子的降生很是喜悦，鲁昭公送来鲤鱼表示祝贺，孔子便由此给儿子命名为“鲤”，字取“伯鱼”。古代兄弟排行，伯是老大，仲是第二，叔是第三，季是最小的。伯鱼表示这是第一个儿子，但孔子只有这一个儿子。

《诗经·衡门》提到“岂其取妻，必齐之姜；岂其食鱼，必河之鲤”，鲤鱼在这里有象征婚姻的意思，也寓意着吉祥美满。

《论语》中对孔子的夫人只字未提，而有一处提及孔子对孔鲤的教育。这段话来自《论语·季氏》，原文如下：

> 陈亢问于伯鱼曰：“子亦有异闻乎？”
>
> 对曰：“未也。尝独立，鲤趋而过庭。曰：‘学诗乎？’对曰：‘未也。’‘不学诗，无以言。’鲤退而学诗。他日，又独立，鲤趋而过庭。曰：‘学礼乎？’对曰：‘未也。’‘不学礼，无以立。’鲤退而学礼。闻斯二者。”
>
> 陈亢退而喜曰：“问一得三：闻诗闻礼，又闻君子之远其子也。”

这段话是孔子的学生陈亢与孔鲤的一段对话。陈亢是孔子的学生中年龄较小的一位，字子禽。

有一天，子禽问孔鲤：“您在老师那里，有没有得到过与其他学生不同的知识？”孔鲤毕竟是孔子的儿子。孔鲤回答说：“并没有。父亲曾经一个人站在院子里，我从院子里经过，看见他，就想快步走开。他却叫住了我，问：‘你学《诗经》了没有？’我连忙回答说：‘没有。’他教训我说：‘不学习《诗经》，就不善于言谈。’我马上就去学习了《诗经》。又有一天，他又一个人站在院子里，我又一次遇见了他。他问我：‘学习《礼》了没有？’我回答：‘还没有。’他教训我说：‘不学习《礼》，就没有办法立足于社会。’我马上又学习了《礼》，只遇到过这两件事情。”陈亢听了高兴地说：“我问了一个问题，却明白了三件事：知道了学习《诗经》、学习《礼》的重要性，而且又知道老师对他的儿子并没有单独对待，跟其他学生是一样的。”

在孔子生活的时期，有很多人与孔子一样从事着教育活动。孔子所开办的学校，或者说所进行的教育活动与其他人最大的不同在于，孔子不以实用知识为主要教学内容，而是以培养人的品德为主要教育目的。

在孔子的晚年，有一次，他的弟子子贡到卫国去，与当时卫国的执政者卫文子有过一次长长的对话。卫文子曾这样评价他所认为的孔子教育活动的特征：“吾闻孔子之施教也，先之以诗书，而道之以孝悌，说之以仁义，观之以礼乐，然后成之以文德，盖入室升堂者，七十有余人。”也就是说，孔子的教育是有一定的顺序的，具体来说，受教育的过程分为四个阶段：第一阶段是以孝悌为核心的人伦关系；第二阶段是以仁义为核心的价值观；第三阶段是礼乐与社会交往关系密切的更高层次的内容；第四阶段才能学习文和德，理解文化与人性。

孔子教育儿子孔鲤学习《诗经》《礼》，实际上也是这一体系的一部分，是已经进入较高阶段的学习了。

“登高能赋，可以为大夫。”在当时，能够诵诗是一个人从事政治交往活动的必备能力之一。清代的劳孝舆在《春秋诗话》里这样说：“自朝会聘享，以至事物细微，皆引诗，以证其得失焉。大而公卿大夫，以至舆台贱卒，所有论说，皆引诗以畅厥旨焉。”

在春秋时期，晋文公重耳曾经长期在外流亡。他来到秦国时，受到秦穆公的召见，后来秦穆公成为重耳重新回到晋国执政的重要支持力量。其中，就有关于《诗》的作用。

《左传·僖公二十三年》记载：有一天，秦穆公要宴请重耳，跟随重耳的大臣子犯主动说，赵衰更熟悉外交辞令。在宴会上，公子重耳赋《河水》这首诗，秦穆公赋《六月》。赵衰说：“重耳拜谢君王恩赐！”公子重耳走下台阶，拜谢，叩头。秦穆公也走下一级台阶表示不敢接受叩谢的大礼。赵衰说：“大王以辅佐天子的道理教导重耳，重耳怎么敢不拜谢？”

这是怎么回事呢？《沔水》是《诗经·小雅》中的一篇，有“沔彼流水，朝宗于海”一句，重耳以此比喻晋国朝宗于秦国，是一种很低的姿态；而《六月》是《诗经·小雅》中的另一篇，其中有“王于出征，以佐天子”一句，比喻重耳会返回晋国继位，匡扶周室。赵衰让重耳下拜，表示双方就此达成一致。在当时，《诗》还会用于外交辞令，其重要性可见一斑。

在《孔子家语》卷二中保存了另外一段孔子教育儿子孔鲤的话：

孔子谓伯鱼曰：“鲤乎，吾闻可以与人终日不倦者，其唯学焉。其容体不足观也，其勇力不足惮也，其先祖不足称也，其族姓不足道也。终而有大名，以显闻四方，流声后裔者，岂非学之效也？故君子不可以不学。其容不可以不饬，不饬无类，无类失亲，失亲不忠，不忠失礼，失礼不立。夫远而有光者，饬也；近而愈明者，学也。譬之污池，水潦注焉，雚苇生焉，虽或以观之，孰知其源乎？”

这是孔子留下的关于教育儿子的记录，远远不及教育学生的内容具体、丰富，这位被后世尊称为圣人的人，在教育自己的儿子方面也真正做到了有教无类。

《史记·孔子世家》记载：“伯鱼年五十，先孔子死。”孔子在年近70岁时，唯一的儿子去世了。

孔鲤的生平在历史上缺乏足够的文献记载，他去世千年之后，被宋徽宗封为“泗水侯”。现在可以看到的孔鲤墓，位于孔子墓南侧几米之外的地方。墓前有两块石碑，前边一块写的正是“泗水侯墓”，后边略小的一块为篆书“二世祖墓”。孔子被视为孔氏家族的始祖，孔鲤即为二世祖。

第二节 子思与孔氏家风传承

孔鲤只有一个儿子，即子思。子思名伋，字子思。一般认为，“四书”中的《中庸》即为子思所作。《史记·孔子世家》记载：“伯鱼生伋，字子思，年六十二。尝困于宋。子思作《中庸》。”

孟子是子思的学生，子思与孟子是战国时期著名学派“思孟学派”的核心人物。《史记·孟子荀卿列传》载：“孟轲，邹人也。受业子思之门人。”孟子也是著名的思想家，是儒家思想的重要继承者。孟子被韩愈认为是继承孔子“道统”的重要人物，在元代以后被尊奉为“亚圣”，也就是仅次于孔子的圣人，在中国思想史中的地位比子思还要高。不过，实际上，孟子生活的年代与子思生活的年代之间可能并无交集，二人关系的说法有待进一步考证，不过两人的思想是有较大相通之处的。

有的文献认为，子思是孔子的重要学生曾子的学生。清代的《圣门十六子书》中说：“子思从曾子学业，诚明道德，有心传焉，乃述其师之意，穷性命之原，极天人之奥，作《中庸》书，以昭来世。”

也就是说，曾子、子思、孟子三人形成了师生关系，传承了“思孟学派”的思想。这一学派是战国时期儒家思想的重要延续者。在孔子去世之后，“儒分为八，墨离为三”（《韩非子·显学》）。战国时期的百家争鸣，即使在儒家内部，也分为多个思想流派。在诸多思想流派中，“思孟学派”的核心观念在于融人性与天道为一体，融个体与家国世界为一，这正是孔子所开创的修己立人思想的延续，家庭与家族在“思孟学派”中占有重要的地位。子思虽然是孔子的直系第三代男丁，也是唯一的孙子，但是子思可能是庶出，也就是说，子思的母亲并不是孔鲤的正室妻子。在当时，男人可以娶多个女性，其中只有一个是正室。正室去世之后，其灵位可以进入家庙中，其他人的灵位不能进入家庙中。子思的母亲去世之后，他十分悲痛，在家庙中痛哭，学生还为此提醒他应遵守礼法，不宜在家庙中哭泣。《礼记·檀弓下》载：“子思之母死于卫，赴于子思，子思哭于庙。门人至曰：‘庶氏之母死，何为哭于孔氏之庙乎？’子思曰：‘吾过矣，吾过矣。’遂哭于他室。”

也有研究者认为，子思之母可能是孔鲤的正室妻子，只是可能在孔鲤去世后，他的妻子，也就是子思的母亲，便改嫁了，有人认为是改嫁到了当时的卫国，所以《礼记·檀弓上》说：“子思之母死于卫。”

子思一直生活在孔氏家族的环境中，并没有随他的母亲到卫国生活，也曾直接接受孔子的教育。孔子对这个唯一的孙子曾寄予厚望。《孔丛子·记问》有这样的记载：

夫子闲居，喟然而叹。子思再拜，请曰：“意子孙不修，将忝祖乎？羡尧舜之道，恨不及乎？”夫子曰：“尔孺子安知吾志？”子思对曰：“伋于进膳，亟闻夫子之教，其父析薪，其子弗克负荷，是谓不肖。伋每思之，所以大恐而不解也。”夫子忻然笑曰：“然乎？吾无忧矣！世不废业，其克昌乎！”

《孔丛子·记问》还有几处“子思问于夫子曰”的对话，记载了孔子对这个唯一的孙子的教育。

子思问于夫子曰：“为人君者，莫不知任贤之逸也，而不能用贤，何故？”子曰：“非不欲也，所以官人失能者，由于不明也，其君以誉为赏，以毁为罚，贤者不居焉！”

子思问于夫子曰：“亟闻夫子之诏，正俗化民之政莫善于礼乐也。管子任法以治齐，而天下称仁焉，是法与礼乐异用而同功也，何必但礼乐哉？”子曰：“尧舜之化，百世不辍，仁义之风远也。管仲任法，身死则法息，严而寡恩也。若管仲之知，足以定法，材非管仲而专任法，终必乱成矣。”

子思问于夫子曰：“物有形类，事有真伪，必审之，奚由？”子曰：“由乎心，心之精神是乎圣，推数究理，不以物疑，周其所察，圣人难诸！”

第一段为子思问孔子任用贤人的问题；第二段为子思与孔子谈论治国与礼乐和法之间的关系；第三段为探索“心”“圣”在认识上的作用。《孔丛子·记问》的记载可能只是子思受孔子之教的一些片段，但从这为数不多的对话内容可以看出，孔子认为教学应逐渐加深，有一个由外及内、由表及里的过程。从传世文献、出土简帛与此处记载的对照中不难发现，治国用贤、礼乐治国、“心”与“圣”的问题都是子思所关注并进行过详细阐发的儒学范畴。

子思以后，孔氏家族连续几代人都是单传，但一直传承着孔子所开创的孔氏家族的家风。

子思教子有自己的做法。孔氏家族的第四代为子上，即子思的儿子，名白，字子上。《史记·孔子世家》记载：“孔子生鲤，字伯鱼。伯鱼生伋，字子思。子思生白，字子上。”孔伋、孔白父子二人间的仅有的对话主要保存在《孔丛子》这部书中。

《孔丛子·杂训》载：“子上请所习于子思，子思曰：‘先人有训焉。学必由圣，所以致其材也，厉必由砥，所以致其刃也。故夫子之教，必始于诗书，而终于礼乐。杂说不与焉，又何请？’”

子思不仅重视对儿子的教育，同时也关爱其他有识之士。《孔丛子·杂训》载：孟子车尚幼，请见子思。子思见之，甚悦其志，命子上侍坐焉。礼敬子车甚崇，子上不愿也。客退，子上请曰：“白闻士无介不见，女无媒不嫁。孟孺子无介而见，大人悦而敬之，白也未谕，敢问。”子思曰：“然。吾昔从夫子于郯，遇程子于涂，倾盖而语，终日而别，命子路将束帛赠焉，以其道同于君子也。今孟子车孺子也，言称尧舜，性乐仁义，世所希有也。事之犹可，况加敬乎？非尔所及也。”

子思提到孔子在郯国的一件小事，以之来教导子上要贤德知礼。《孔子家语·致思》记载：“孔子之郯，遭程子于涂，倾盖而语终日，甚相亲。顾谓子路曰：‘取束帛以赠先生。’子路屑然对曰：‘由闻之，士不中间见，女嫁无媒，君子不以交，礼也。’有间，又顾谓子路，子路又对如初。

孔子曰：‘由，《诗》不云乎：有美一人，清扬宛兮，邂逅相遇，适我愿兮。’今程子，天下贤士也。于斯不赠，则终身弗能见也。小子行之。”

子思在鲁，使以书如卫问子上。子上北面再拜受书伏读，然后与使者晏，遂为复书，返中庭，北面再拜以授使者。既受书，然后退。使者还鲁问子思，曰：“吾子堂上南面立授臣书，事毕送臣，子上中庭拜授臣书而不送，何也？”子思曰：“拜而不送，敬也。使而送之，宾也。鲁人有同姓死而弗吊者，人曰在礼当免不免，当吊不吊，有司罚之，如之何子之无吊也？”答曰：“吾以其疏远也。”

《孔丛子·居卫》中记载有子思教诲子上要正确看待物质需求，平衡物质与个人志向、奋斗目标的内容。“子思谓子上曰：‘有可以为公之尊而富贵人众不与焉者，非唯志乎。成其志者，非唯无欲乎。夫锦缋纷华，所服不过温体。三牲大牢，所食不过充腹。知以身取节者则知足矣。苟知足则不累其志矣。’”“苟知足则不累其志”的观点和教导，正是儒家行为处世的主张。

第三节 子思之后的孔氏家族

孔子的第五代后裔为子家，《阙里文献考》卷四载："五代求，字子家，通习儒道，楚王召，不赴，年四十五卒，葬祖墓东北。子一箕。"子家生活的时代约为战国中期。

孔氏家族的第六代为孔箕，字子真，其生活的年代大约为魏惠王时期，其生平没有留下更多的文献记录。

第七代为孔穿，字子高。关于孔穿的文献记载略多一点。他可能长期活跃在当时韩、赵、魏、楚国等地。在《公孙龙》一书中能看到孔穿、公孙龙在赵国公子平原君处的辩论。公孙龙在当时以善辩著称，不过孔穿并不示弱。公孙龙为了让孔穿信服他"白马非马"的观点，甚至对孔穿说"白马非马，乃仲尼之所取"。可见到了这个时候，孔子的思想仍广为人知，而孔穿这样的孔子后代，则生活在孔子的影响下。平原君曾对公孙龙说："公无复与孔子高辨事也，其人理胜于辞，公辞胜于理。辞胜于理，终必受绌。”

子高促成了齐国废除车裂之刑。《孔丛子·对魏王》记载：

齐王行车裂之刑，群臣诤之，弗听。

子高见于齐王，曰：“闻君行车裂之刑，无道之刑也。而君行之，臣窃以为下吏之过也。”

王曰：“寡人以民多犯法，为法之轻也。”

子高曰：“然，此诚君之盛意也。夫人含五常之性，有喜怒哀乐。喜怒哀乐无过其节，节过则毁于义。民多犯法，以法重无所措手足也。今天下悠悠，士无定处，有德则住，无德则去。欲规霸王之业，与众大国为难，而行酷刑以惧远近，国内之民将叛，四方之士不至，此乃亡国之道……且夫为人臣见主非而不诤，以陷主于危亡，罪之大者也，人主疾臣之弼已而恶之，资臣以箕子比干之忠，惑之大者也。”

齐王曰：“谨闻命。”遂除车裂之法焉。

从子高的话中可以看到，他继承的仍是孔子所开创的儒家思想，他以儒家对人性的理解和尊重主张废除车裂之刑。

第八代为孔谦，字子顺（或子慎）。孔谦生活在战国末期，主要活动在赵国与魏国一带，这两个是当时秦国以外最有影响力的国家。

《孔丛子·执节》记载了孔谦与赵王的一段对话。

赵王问子顺曰：“寡人闻孔氏之世自正考父以来，儒林相继，仲尼重之以大圣。自兹以降，世业不替，天下诸侯咸资礼焉。先生承其绪，作二国师，从古及今，载德流声，未有若先生之嗣，率由前调，将与天地相敝矣。”

答曰：“若先祖父并禀圣人之性，如君王之言也，至如臣者，学行不敏，寄食于赵，禄仕于魏。幸遇二国之君宽以容之。若乃师也，未敢承命，假令赖君之愿后世克祚，不忝前人，不泯祖业，岂徒一家之赐哉，亦天下之庆也。”

王曰：“必然必然。”

从赵王的话语中可以了解到以下几点信息：第一，正考父是孔子家族家风的重要开创者，自正考父以后，孔子家族才在社会上获得了良好的声誉。第二，孔子本身被称为“大圣”，即使这一说法未必全部可信，至少可以看到，在当时诸侯国中，人们已经认为孔子本人是整个家族精神形成的核心人物了。第三，孔子的后人受到各诸侯国的广泛欢迎，以至于“天下诸侯咸资礼焉”，这种影响可能由于孔子开创的儒家思想支派众多，弟子遍布天下，所以影响力大；同时，也必然与孔子的思想本身的价值巨大有密切的关系。可以说，孔子的后代毫无疑问受到了孔子的影响所带来的实质性恩惠。

对于赵王的话，孔谦并没有替自己的祖先表示谦虚，而是大方地承认，自己的祖先确实秉承了“圣人之性”，是值得全社会尊敬的人物，只是自己天资不高，没有能够将祖先的思想发扬光大。在孔谦看来，最重要的事情便是继承孔子所开创的思想传统，这不仅是孔氏家族自身的事业，也是整个天下各诸侯国的事业。

《孔丛子》也保存了很多孔谦与当时魏王的对话。在魏王看来，孔谦是“生圣人之后，道德懿邵”，自然带有光环。魏王希望孔谦能为魏国的统治提出好的建议，所以向孔谦咨询了一系列的问题。

魏王问孔谦当今最急的事情是什么，孔谦的回答继承了子思、孟子的观点。他认为，当今最紧要的事情“在修仁尚义，崇德敦礼，以接邻国而已”（《孔丛子·陈士义》）。实际上，当时的魏国面临的外部环境比赵国的更复杂，这主要是由于魏国与西部的秦国接壤，秦国以完全吞并列国为主要战略方向，对东部的韩、魏两国采取逐渐蚕食的政策，魏国首当其冲。魏国在与秦国交往的过程中屡屡吃亏，可以说国家存亡处在旦夕之间，不知道该以什么样的政策来处理与秦国的关系，这才是魏国面临的最重要的政治问题。

对于秦国，魏国想使用强硬的军事政策，却又打不过秦国；想联合各诸侯国，却有心无力，且诸侯国各怀鬼胎；想使用怀柔的政策，又不知道具体怎么办。魏王甚至对孔谦提出：“今秦负强以无道陵天下，天下莫不患，寡人欲割国之半以亲诸侯，求从事于秦，可乎？”（《孔丛子·论势》）甚至不惜让出一半的国土，以求得魏国的和平。对此，孔谦也并没有给出特别明确的办法，而只是认为“不如守常，以须其变也”。魏王问：“秦国最终会统一天下吗？”孔谦回答说：“这恐怕是必然的，只不过‘取不以道，得不以道，自古以来，未有能终之者’。”

魏王还向孔谦咨询如何才能为国家创造更多的财富，孔谦也没有给出实际的回答，而只是无能为力地说：“吾贫而子问以富术，纵有其术，是不可用之术也。”

从这些对话中可以看到，孔谦对于当时诸侯国的形势有比较清醒的认识，只是自己对此也是无能为力。《孔丛子·论势》记载：“子顺相魏凡九月，陈大计辄不用，乃喟然叹曰：‘不见用，是吾言之不当也。言不当于主，而居人之官食人之禄，是尸利也。尸利素餐，吾罪深矣。’退而以病致事。”

其实孔谦也是足够优秀的儒家思想继承者。有一次，魏王问：“寡人闻昔者上天神异后稷而为之下嘉谷，周以遂兴，往中山之地，无故有谷，非人所为，云天雨之，反亡国，何故也？”孔谦答曰：“天虽至神，自古及今，未闻下谷与人也。《诗》美后稷能大教民种嘉谷以利天下。故《诗》曰‘诞降嘉种’，犹《书》所谓稷降播种，农殖嘉谷，皆说种之，其义一也。若中山之谷，妖怪之事，非所谓天祥也。”（《孔丛子·执节》）

“诞降嘉种”一词出自《诗经·大雅·生民》，孔谦面对魏王的疑问，能援引《诗经》加以回答，可见其对《诗经》的内容十分熟悉。

不过，孔子所开创的儒家思想，并不是一成不变的教条，而是随着时间和社会环境的变化不断创新。在子思以后，孔氏家族的后代只是墨守了孔子、子思所开创的成规，而并没有做出特别明显的创新，所以影响也无法与孔子、子思相提并论。

孔子一脉到了第九代，结束了八世单传的局面。这一代共有三人，分别是：孔鲋，字子鱼；孔腾，字子襄；孔祔（有记载为孔树），字子文。其中关于孔鲋的记载略多一些。孔鲋生活的时期为秦汉之际，是中国社会从先秦到两汉过渡之时。

这是一个剧烈变革的时代，秦国通过战争迅速统一列国，中国社会经历了血雨腥风之后，却并没有迎来真正意义上的稳定，国家亟须找到能够带来长治久安的道路。对于孔氏家族来说，也正是在这个时候，才终于结束了一脉单传的局面，这对于孔氏家族的延续实际上也是非常重要的。在生产力不发达，常有战乱和瘟疫的年代，连续很多代都只有一个男丁的情况很容易导致家族传承的香火断绝，而且一旦发生，就再不会有后来数百万人之多、遍布全球的孔氏子孙，更不会有孔氏家风的延续了。

《孔丛子·独治》记载：

子鱼生于战国之世，长于兵戎之间，然独乐先王之道，讲习不倦。

季则谓子鱼曰："丈夫不生则已，生则有云为于世者也。今先生淡泊世务，修无用之业，当身不蒙其荣，百姓不获其利，窃为先生不取也。"

子鱼曰："不如子之言也。武者可以进取，文者可与守成。今天下将扰扰焉，终必有所定。子修武以助之取，吾修文以助之守，不亦可乎。且吾不才，无军旅之任，徒能保其祖业。优游以卒岁者也。"

可以看到，孔鲋很清楚天下大势的变化，知道整个社会正在进入血雨腥风的剧烈变革之中。与此同时，他也清楚自己的使命和自己正在做的事情。整个国家的变化不可能仅凭一个人的力量就能完成，国家的维系需要多样的人和多样的思想，孔子所开创的儒家思想就是要完成对国家文化认知、基本礼法、社会习俗、生活习惯的重整和延续。正如孔鲋所说，武力可以让国家统一，而只有文治才能守成，才能真正实现国家的长治久安。

早在秦朝建立之初，公元前213年，丞相李斯始公开讨论焚书之事。魏国人陈余告诉孔鲋说：“秦将灭先王之籍，而子为书籍之主，其危矣哉！”孔鲋回答说：“吾为无用之学，知吾者唯友，秦非吾友，吾何危哉？吾将藏之，以待其求。”于是，孔鲋将家中的《论语》《尚书》《孝经》等书藏于旧宅的墙壁中，之后选择隐居嵩山，从事教育。

到了汉景帝时，破孔宅旧壁，遂得见其所藏，这些书都是用古文写的，被称为“壁经”或“古文经”。孔鲋到死也没有将其藏书取出，他的“鲁壁藏书”成了历代藏家之经典逸事，明人孔贞栋《咏鲁壁》诗云：“蝌蚪出从古壁中，至今大地书文同。秦人遗下六经火，三月咸阳焰尚红。”清乾隆皇帝写诗赞颂：“经天纬地存千古，岂系恭王坏宅时。”

孔鲋继承了自孔子以来孔氏家族一贯的思想。在《论语》中也能找到类似于孔鲋与季则对话逻辑的话。《论语·为政》：“或谓孔子曰：‘子奚不为政？’子曰：‘《书》云：孝乎惟孝，友于兄弟，施于有政。是亦为政，奚其为为政！’”有人问孔子，你为什么只是讲论为政的理论，而不亲自从事政治活动呢？孔子说，我自己所从事的事情本身就属于政治活动的一部分，也会对政治产生影响。

孔子从不认为自己能有助于军旅和战争，他反对战争，反对诸多不符合儒家思想的政治行为，但在实践中并没有太多的怨气，而是可进可退。孔子曾充满期待地说：“苟有用我者，期月而已可也，三年有成。”（《论语·子路》）在晚年，孔子面对政治实践的不顺利，选择退修《诗》《书》，专心于自己的教育事业。

公元前209年，秦朝廷征发贫民，结成队伍，赶赴北部边疆渔阳一带驻防，途中在大泽乡（今安徽宿州一带）为大雨所阻，无法如期赶达目的地。按照律令，这些人都将受到严重惩罚，陈胜、吴广喊出了“王侯将相，宁有种乎”的口号，发动兵变。著名的大泽乡起义吹响了反秦的号角。《孔丛子·独治》中记载了陈胜礼聘孔鲋的事。

会陈胜、吴广起兵于陈，欲以诛秦，（陈）余谓陈王曰：“今必欲定天下取王侯者，其道莫若师贤而友智。孔子之孙今在魏，居乱世能正其行，修其祖业，不为时变。其父相魏，以圣道辅战国，见利不易，操名诸侯，世有家法，其人通材足以干天下，博知足以虑未形。必宗此人，天下无敌矣。”

陈王大悦，遣使者赍千金，加束帛，以车三乘聘焉尔。又使谓子鱼曰：“天下之事已可见矣，今陈王兴义兵讨不义，子宜速来以集其事，王又闻子贤，欲咨良谋，虚意相望也。”

子鱼遂往，陈王郊迎而执其手，议世务。子鱼以霸王之业劝之，王悦其言，遂尊以博士。

后来，孔鲋死于反秦的战争中。作为孔子的后代，孔鲋在当时的教育思想领域有不小的影响，他的学生或者与他相关联的人，对西汉政治活动也有重要影响。比如西汉著名大臣叔孙通是孔鲋的学生，《史记·太史公自序》说：“萧何次律令，韩信申军法，张苍为章程，叔孙通定礼仪，则文学彬彬稍进。”

西汉初建，思想家陆贾多次在汉高祖刘邦面前称赞儒家思想，“时时前说称《诗》《书》”。刘邦骂他说：“乃公居马上而得之，安事《诗》

《书》！”他回复道：“居马上得之，宁可以马上治之乎？且汤、武逆取而以顺守之；文武并用，长久之术也。”（《史记·郦生陆贾列传》）其中“武以得之，文以守之”正是孔鲋说过的话。

第四章

传承有序，危世不乱：孔氏家族的世系传承

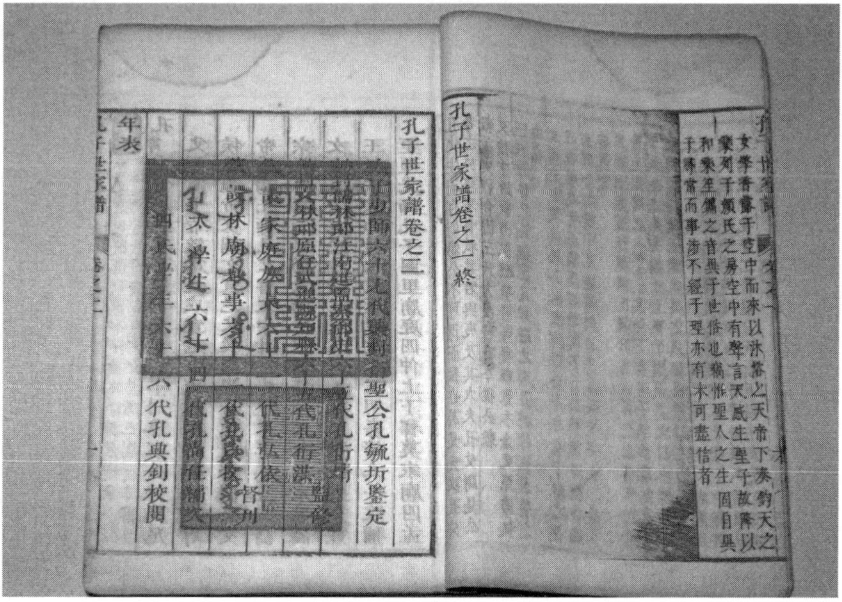

《孔子世家谱》书影

第一节 孔氏家族的支脉传承

一、汉代的孔氏传承

与后代相比，汉代孔氏家族的香火并不甚旺盛。同一辈人往往只有几个，最多的时候也不过十多个。孔氏家族在汉代四百年的时间里，经常只是维持在几十口人的规模。

孔子第九代共有三人，分别是：孔鲋，字子鱼；孔腾，字子襄；孔祔（孔树），字子文。

孔鲋死于战争，不过孔鲋这一支的后代未能绵延长久，第十代为孔随，第十四代为孔吉，第十五代为孔何齐，第十六代为孔安。孔安生活的年代是东汉光武年间，不过孔安没有儿子，这一支到此中断。

孔树这一支，第十代为孔聚，生活在汉文帝时期；第十一代为孔臧；第十二代为孔琳；第十三代为孔黄、孔茂，孔茂没有后代；第十四代为孔宣，孔宣没有儿子，这一支到此也中断了。这是西汉宣帝时期。

孔树这一支主要活跃在西汉时期，其中孔臧曾经担任御史大夫，是当时著名的儒家经典传承者和研究者，继承了孔氏家族尊重经典的传统。孔臧之子孔琳也继承家学，是汉代著名文学家。

孔子家族在第九代终于有了三个男丁，但是其中两支都在汉代中断，只有孔腾一支绵延不断地传承了下来。

孔腾为孔鲋的弟弟。在孔鲋参加陈胜、吴广起义失败并战死以后，孔腾回到故乡曲阜生活，生活在西汉汉高祖到汉惠帝时期。在汉高祖平定天下以后，孔腾被封为孔氏家族的“奉祀君”，负责在曲阜按时祭祀孔子。在汉惠帝时期，孔腾被推荐为博士。

孔腾之子孔忠，为第十代，生活在汉文帝时期，也担任过博士，被封为“褒成侯”。

孔忠之子有两人，分别是孔武、孔安国，为第十一代。

孔安国继承孔氏家族整理传承儒家经典文献的事业，并H.为整个汉代儒家经典的传承做出了重要贡献。孔武之子为孔延年。

自此以后，孔氏家族逐渐走出了人丁单薄，几乎要断了香火的局面，人丁渐渐兴旺起来。东汉前期，汉章帝到曲阜祭孔时，会见孔氏20岁以上的后裔，那时，孔氏家族的人口已经达到了63人。但实际上，在整个汉代，孔氏家族的成员一直都不是很多。

二、魏晋南北朝以后的孔氏传承

孔氏家族作为最著名的家族之一，在历史上也绝非是一帆风顺，而是像中国的大部分家族一样，与中国历史相伴相随，随着国家的兴衰荣辱，经历种种坎坷。南北朝时期，中国社会进入混乱状态，孔氏家族世系传承的记载出现了三个不同的版本。北宋元丰年间始修《孔子世家谱》，按照世系的顺序，记载了自孔子以下每一代人的名字，但是其中出现问题的地方正是南北朝时期。

《孔子世家谱》记载，第二十三代嫡孙为孔嶷，字成功，孔震之子。东晋明帝太宁三年（325）袭封奉圣亭侯，食邑二千户。生子孔抚。自此以下到第二十八代的传承顺序是孔嶷—孔抚—孔懿—孔鲜—孔乘—孔灵珍。

《晋书》卷十九《礼志上》记载“及武帝泰始三年十一月，改封宗圣侯孔震为奉圣亭侯。又诏太学及鲁国，四时备三牲以祀孔子。明帝太宁三年，诏给奉圣亭侯孔亭四时祠孔子祭直，如泰始故事”，也就是《晋书》中，孔氏家族的世系在晋代有孔震、孔亭二人。

《宋书》卷十七《礼志四》中还记载了另一个世系：“明帝太宁三年，诏给事奉圣亭侯孔亭四时祠孔子，祭宜如泰始故事。亭五代孙继之博塞无度，常以祭直顾进，替慢不祀。宋文帝元嘉八年，有司奏夺爵。至十九年，又授孔隐之。兄子熙先谋逆，又失爵。二十八年，更以孔惠云为奉圣侯。后有重疾，失爵。孝武大明二年，又以孔迈为奉圣侯。迈卒，子莽嗣，有罪，失爵。”

根据《晋书》《宋书》记载，东晋明帝太宁三年袭封奉圣亭侯的是孔亭，而非孔嶷。宋文帝元嘉十九年（442），袭封奉圣亭侯的是孔隐之而非孔鲜。此后又有元嘉二十八年（451）封孔惠云为奉圣侯。宋孝武帝大明二年（458）封孔迈为奉圣侯。其间又有孔亭五代孙孔继之被夺爵、孔隐之之兄默之的儿子孔熙先谋逆失爵、孔迈的儿子孔莽因罪失爵等。此记载与孔氏谱牒的记载大相径庭。

清代的孔继汾在《阙里文献考》中说：“今汾以臆度之，亭与靖之、继之三人，或系二十二代震之冢裔，至隐之、惠云、迈、莽等，或以大宗无人，遂取旁支代表，后因鼎祚屡移，子孙不嗣，家乘失传，殆由于此。至灵珍崛起，北朝大约由于支别，自溯祖父以接大宗。如懿、鲜，未必尽主其所封爵，或系追崇。”

可以说，在南北朝时期，孔氏家族人口的传承一直存在着危机，随时可能出现家族子嗣断绝的情况。

到了唐代，孔氏家族开始稳定下来。进入宋朝，孔氏家族的人口开始增加，但在宋末到元初又出现危机，家族的人口数从几千人下降到只有200来人，同一辈人口仅有84人。

明代，中国社会逐渐稳定，孔子后裔和其他有幸传下来的家族一样，人口开始暴增，一度达到1万人。明末，受战乱所扰，家族后代死伤过半。清朝中期，全国人口激增，孔氏人口也不断增加。到民国时，孔氏家族的人口已有30万人，到现在，已经有三四百万人。

第二节 孔氏家族的传承危机

一、孔末之乱

元朝天历二年（1329），孔氏家族的后代孔思晦编写了一本《孔氏宗支图记》，其中提到“（南北朝之南朝）宋文帝元嘉十九年，诏以阙里往经寇乱，坟茔荒芜弗剪，鲁郡土民孔景等五户居近孔子墓侧，蠲诸役，以给洒扫，种松柏。厥后孔景等遗胤，浸致强横，有孔末者，承五季之扰，杀圣人子孙几尽，惟泗水县令孔光嗣之子仁玉，生才九月，隐于外家得免，实四十三世孙也。末遂冒为袭封曲阜县令，葬其父祖于孔林之东。时鲁人以末之诈讼于上，蒙后周太祖罢末，以仁玉任曲阜县令，袭封文宣公……自宣圣为始祖，仁玉为中兴祖……”

南朝宋初年，当时南朝的疆域相对后来几个朝代的较大。在一段时间里，包括现在的山东省一带在内，也属于南朝宋的疆域范围。南朝宋的第一任皇帝在攻占山东曲阜以后，为了凸显对孔子的尊重，便选择了几户人家，看守孔子墓。其中一户叫作孔景，实际上这些人本来并不姓孔，只是可能一直在孔府工作，于是改姓为孔，在曲阜不断繁衍生息壮大起来。

到了几百年后的“五季之扰”，也就是五代十国时期，天下大乱，生活在曲阜的孔氏家族成员为了逃避战乱，不断向外迁徙到其他地区，留在曲阜的孔氏家族显得人丁弱薄。孔景的一个后代孔末，在后梁乾化三年（913）设计杀害了当时孔氏家族的第四十二代嫡系子孙孔光嗣，自己冒充孔子后裔，袭封了朝廷封给孔子嫡系后代的爵位，并兼任曲阜县令。

在之后的文献中，这则记载被孔子的后代不断演绎、丰富，内容越来越曲折，堪比《史记》中“赵氏孤儿”的故事。

据后来的传说，孔光嗣有一个儿子，名为孔仁玉，字温如。孔光嗣被杀时，孔仁玉只有九个月大。此时，孔仁玉恰好不在孔家，而在其外祖父张氏家中。孔末为了消除孔氏嫡系后代，便带人找到张家，索要孔仁玉，张家为了保全孔氏家族的后代，忍痛将自己家年龄相仿的孩子交了出去，帮助孔仁玉躲过一难。

此后，孔仁玉改名换姓，在张家长大成人。到了后唐长兴元年（930），终于有人将孔末冒充圣裔之事诉诸朝廷，朝廷核实后，杀了孔末。两年后，孔仁玉袭封孔氏家族嫡系本应有的爵位，孔氏家族经历的危机才算是过去。

孔仁玉的故事明显与《史记·赵世家》中程婴与公孙杵臼一起保护赵氏家族孤儿赵武的故事如出一辙。孔仁玉一共有四个儿子，此后一直到近代，孔氏家族继承爵位的都是孔仁玉的后代，再没有出现过嫡系子孙没有儿子，而由非嫡系后代来继承爵位的现象。孔仁玉也成为孔氏家族历史上的“中兴祖”。

孔氏家族的爵位继承，自孔仁玉之后再未出现过混乱无序的情况，各文献的记载也都能相互对应上。唯独关于孔仁玉本人故事的各种历史记载间存在着种种谜团。2008年，曲阜市文物局在对孔仁玉墓冢进行修缮时，发现墓后券顶已被人揭开，工作人员深感事情重大，上报后组织专业考古人员进行保护性发掘。考古人员清理出孔仁玉墓志铭，铭文曰：

> 公讳仁玉，字无违，即文宣王四十三代嫡孙也。生萃嘉祥，长隆劲节。年九岁，值泗水君即世，乃传家为陵庙主，终，制授曲阜主簿，二年而就，转县令兼袭封文宣公。……又经慕容作叛，公罹其灾：貔貅、大馗，孤城若粉，揖让而出。何忧何惧？公身长七尺，见者奇之。周高祖幸陵庙，侍对，数刻即赐绯兼赐银器、杂采、茶等，方俟他拜，天王晏驾，相次守当州都督府长史，未解其任。悲歌！哲人夏五月二十九日薨，享年四十五。宋乾德二年岁次甲子九月甲戌朔二十三日丙申建。

这是关于孔仁玉生平相对真实的记载，其中对于其从婴儿时期在张氏家族长大，这样改写孔氏家族历史，且无比重要的故事，却只字未提。可见虽然后人留下的关于孔仁玉的故事也都保存在与孔氏家族有关的文献中，并不仅仅是靠口头流传的单纯意义上的传说，但真实性是比较可疑的。

不管怎样，孔氏家族的后代十分愿意相信孔仁玉作为“中兴祖”的真实性，也愿意相信孔氏家族是经历了一番血雨腥风之后才得以维护嫡系的正统这样的故事。这主要反映了宋代以后中国社会的变化和孔氏家族内部结构的变化。

宋代以后，随着社会结构逐渐稳定，国家以及全社会对于儒家思想的重视程度也在加深，孔氏家族与国家更紧密地联系在一起。为了维护统一稳定，政府愿意赋予孔氏家族更高的荣誉，与之相伴随的物质利益也十分丰厚。在这种巨大的荣誉和物质利益之下，孔氏家族不同支派之间，孔氏家族与本地的其他家族之间，很容易产生各类矛盾。

这些矛盾实际上都是围绕着孔氏家族的嫡系子孙可以获得国家政治力量所赋予的极高政治荣誉和物质利益而发生的。解决这些矛盾的重要措施之一，就是让孔氏家族嫡系所拥有的继承孔氏家族荣誉和物质利益的资格明确稳定下来，消除其他人的觊觎之心。

孔氏家族的后人需要不断讲述孔仁玉的故事，警示后人，谨慎对待任何可能危及家族秩序的外在隐患。

二、孔氏南北宗

每当出现战乱，孔氏家族也难以独善其身。北宋末年，金朝军队攻破了北宋都城东京，当时的皇帝宋钦宗和太上皇以及赵氏宗族、大量朝臣都被俘虏，宋朝的北方地区迅速沦陷。宋徽宗仅剩的一个儿子赵构在南京（今河南商丘）即位，就是历史上的宋高宗，他建立了历史上的南宋政权。与此同时，金兵也没有选择继续留在中原，而是在中原建立了一个傀儡政权——齐，曲阜处于“齐”的管理之下。

在这种局面下，孔氏家族第四十八代嫡系孙孔端友没有选择留在曲阜，而是一路南下，来到浙江省西南部的衢州地区居住。之后，孔端友去世，他没有儿子，只好由孔氏宗族内一同南下的孔玠继承了孔氏家族的爵位。

这时候，孔氏家族的历史上开始出现了南北对峙的局面。北方的“齐”政权也沿袭前代的做法，将当时生活在曲阜的孔端操（第四十八代）封为衍圣公，继承前代爵位。第二年，孔端操去世后，其子孔璠继承爵位。之后，孔璠的爵位又正式获得金朝的确认。

这就意味着，随着中国南北方政权的长期分裂，在儒家思想普遍受到欢迎的前提下，南北方政权均认为有必要尊崇儒家思想以及作为儒家思想重要符号的孔氏家族后人，于是，南北方分别出现了由国家赋予其正统性的孔氏家族正宗传人。

孔氏家族与中国其他家族最大的不同处就在于，孔氏家族一直与国家有着紧密联系。朝廷需要孔氏家族为其背书，同时也有力量影响到孔氏家族后代的传承。

南宋时期定居在衢州的孔氏家族与北方曲阜的孔氏家族在历史上分别称为“南宗”与“北宗”。“南宗”在最初是血缘上的嫡系，而“北宗”生活在曲阜则占据地理上的优势，南宗、北宗均认为自己才是孔氏家族最正统的传人，这便是孔氏家族历史上的南北宗之争。

北宗第五十一代嫡孙为孔元措，于金朝明昌二年（1191）袭封为衍圣公。之后，金朝与元朝之间开始战争，金朝屡战屡败，从中都（今北京）迁都至汴京（今开封），山东曲阜成为金朝、元朝、宋朝几方争夺的地区，孔元措也追随金朝政权生活在汴京。

后来，山东曲阜一度归属南宋，南宋宁宗嘉定十七年（1224），南宋政权规定了由孔元措的族兄孔元用在山东曲阜袭封为衍圣公。不久之后，元朝大军兵临曲阜，孔元用率众降元，并且追随元朝军队出征，再后来，孔元用之子孔之全袭封为衍圣公。

在这一阶段，金朝、南宋、元朝，共有三个衍圣公并列存在。

金哀宗开兴元年（1232）正月，元朝大军包围当时的金都汴京，并派出使者与金朝谈判，要求金朝政权投降的同时，向金朝政府索要包括孔元措在内的一些重要人物。孔元措因此离开汴京，回到曲阜，继承衍圣公的爵位。但是在此之前，孔元用已经在曲阜生活多年，于是孔元用、孔元措在曲阜形成了冲突。解决的办法是，孔元措袭封为衍圣公，而孔元用担任曲阜县令。

孔元措没有儿子，为了维护自己作为衍圣公的位置，便找来侄孙孔浈继承爵位。1252年，孔之全之子孔治率领孔氏族人上书弹劾孔浈，孔浈被罢爵。孔治于1295年取得衍圣公爵位。孔治去世后，其儿子孔思诚取得爵位。在此期间，孔氏南宗的最后一位衍圣公孔洙主动让位给孔氏北宗，南北宗的纷争也宣告结束，孔氏家族世系的衍圣公爵位才逐渐稳定下来。

在孔仁玉生活的时期，孔氏家族一共有十个重要的支派。之后，孔氏家族的支派扩大到二十个，后又扩大到六十个，称为“六十宗户”。

第三节 孔氏家族维系传承的措施

一、编修族谱

在孔末之乱以后，孔氏家族开始重视族谱的编写，通过编写族谱，将孔氏家族的世系清楚地呈现出来，避免出现混乱。

在宋代，孔子家族第四十六代孙孔宗翰深感孔氏家族的族谱只是依靠简单的资料和辗转的抄本，每代人只重点记录嫡系的一个人，不仅容易导致家族资料的散失，而且容易遭到篡改，出现错误，于是他创编了一部系统的孔氏族谱，将孔氏家族所有支脉全部呈现了出来。

在此之后，直至元代，孔氏家族只是在孔宗翰所编写的族谱的基础上进行了增加，收录可能不全，而且一直没有再正式刊印。

到了明代中期，弘治二年（1489），孔氏家族开始组织族谱的第二次大规模重修，并规定此后的族谱应该保持“六十年一大修，三十年一小修，大修以甲子为期”。按照规定，接下来应该在1561年前后进行较大的增修，但是直到明代天启二年（1622）才正式做了第三次较大规模的增修。

进入清代以后，孔氏家族在康熙、乾隆年间组织了第四次、第五次增修族谱。乾隆九年（1744）为甲子年，此次负责增修族谱的是孔继汾，他后来因被告触犯了清朝《会典》而被发配新疆伊犁充军。这导致孔氏家族在之后的一百多年里一直没有对族谱进行正式的增修。直到民国9年（1920）才开始组织了第六次较大规模的族谱增修工作，此次增修持续时间长达17年，到民国26年（1937）才正式完成。后四次的族谱，也就是从明代天启年间那次编修族谱以后的历次所修族谱，均保存到了今天。

孔氏家族通过不断编修族谱，不仅可以梳理家族传承的支脉，而且可以激励后代积极进取、积德累善，因为好的德行会被记录进族谱，而出现较大问题的人，族谱甚至不再收录。这些对于家族后代有着惩恶劝善的作用。

孔氏家族为使重修的家谱不出差错，在收回旧谱上一份不漏，如旧谱损坏或丢失，都必向族长报实禀明叩乞，说明原因。旧谱交回时，都由家族族长印领。另外在入谱上，还有一系列条规，孔氏成员为入家谱，必须写好呈请，恳准后方可入谱。在入谱上，如出现立嗣争继、冒宗乱真等问题，一律严加查办。修谱时，设立的组织机构有鉴定监修、提调、编次、掌收、校阅、誊录、椠刊、收发、供应等。

2009年9月24日，历时13年的《孔子世家谱》完成了新中国成立以来的首次续修，孔子世家谱常态化续修工作协会在山东曲阜孔庙举行颁谱典礼，为孔子诞辰2560年献上了一份厚礼。

二、制定族规

在不断编写族谱的基础上，孔氏家族逐渐开始重视家族精神的培育和家族性格的形成。万历十一年（1583），当时的衍圣公孔尚贤为孔氏家族制定了《孔氏祖训箴规》。

孔氏祖训箴规

尝闻木之有本，本盛者木必茂；水之有源，源深者流必长。此皆理势之自然，明著而易见者也。我祖宣圣，万世师表，德配天地，道冠古今，子孙蕃庶，难以悉举。故或执经而游学，或登科而筮仕，散处四方，所在不乏，各以祖训是式。今将先祖箴规，昭告族人，合行给榜，开其条件，以彰有榜，以示将来，不事繁文，共为遵守，须至榜者。计开：

一、春秋祭祀，各随土宜。必丰必洁，必诚必敬。此报本追远之道，子孙所当知者。

二、谱牒之设，正所以联同支而亲一本。务宜父慈子孝，兄友弟恭，雍睦一堂，方不愧为圣裔。

三、崇儒重道，好礼尚德。孔门素为佩服，为子孙者，勿嗜利忘义，出入衙门，有亏先德。

四、孔氏子孙徙寓各府州县，朝廷追念圣裔，优免差徭，其正供国课，只凭族长催征。皇恩深为浩大，宜各踊跃输将，照限完纳，勿误有司奏销之期。

五、谱牒家规，正所以别外孔而亲一本。子孙勿得勾相誊换，以混来历宗枝。

六、婚姻嫁娶，理伦守重。子孙间有不幸再婚再嫁，必慎必戒。

七、子孙出仕者，凡遇民间词讼，所犯自有虚实，务从理断而哀矜勿喜，庶不愧为良吏。

八、圣裔设立族长，给与衣顶，原以总理圣谱，约束族人，务要克己秉公，庶足以为族望。

九、孔氏嗣孙，男不得为奴，女不得为婢。凡有职官员不可擅辱。如遇大事，申奏朝廷，小事仍请本家族长责究。

十、祖训宗规，朝夕教训子孙，务要读书明理，显亲扬名，勿得入于流俗，甘为人下。

这是孔氏家族最为正式的族规。这些规定大多为原则性、道义性，也有着鲜明的时代烙印，也与孔尚贤的个人感受有着紧密联系。这一族规当然不是写给明代曲阜孔府中衍圣公所在的家庭的，而是写给当时已经分布在全国各地所有孔氏家族各个支脉的后代的，实际上也是代表了当时整个社会对于家族建设的基本认识。

在魏晋南北朝时期社会动乱的局面下，家族经常成为庇护一个人基本安全的场所，加上当时九品中正制的实行，一个人可以做多高级别的官员主要依赖一般性的品德与能力的判定。在实施过程中，家族地位的高低经常就是一个人地位高低的最主要影响因素。家族的利益以最直接的方式与个人利益联系在一起。

到了宋代以后，中国社会结构逐渐稳定下来，科举起到了中坚力量，不过从长远来看，家族仍旧对一个人的成长会起到重要作用。在这一时期，家族建设也开始成为一项引起全社会关注的专业问题。

孔氏家族的《孔氏祖训箴规》所提及的几个方面的内容，即是当时家族建设所思考的典型方面，对于今天家庭文化建设与家庭关系的维系也有重要的参考价值。

第一，家族祭祀，是为了通过仪式性活动，强化家族成员对于家族源头的认同。《治家格言》中说“祖宗虽远，祭祀不可不诚”，家族祭祀活动在今天很多家庭内仍旧存在，比如清明节的扫墓、春节或者有关节日时对祖宗的祭拜等，均是传统家族祭祀活动在当代的延续。

第二，修订族谱，是为了明确家族延续的脉络，增加家族后代的个体身份认同。一般的族谱都会明确写清楚每一位家庭成员在整个家族中的支脉、辈分，很多家族的族谱一直到今天还在不断补充、修订。

第三，尊重以儒家思想为代表的主流社会文化，是保证家族成员不脱离社会价值体系的重要基础。

第四，处理好家族与国家的关系是家族生存的基本前提。在古代，个人与国家之间的关系，主要是通过缴纳赋税来体现的。在《孔氏祖训箴规》中，按时缴纳赋税，被列为重要方面。家族只是社会结构的一环，实际上也是国家的组成部分，在家族利益与国家利益出现冲突时，家族利益总要让位于国家利益。

第五，婚丧嫁娶是家族内的重大活动，是体现家族结构变化、家族人口延续的标志。所以婚丧嫁娶也是家族规约重点关注的内容。

第六，家族内有出息的后代，尤其是家族内出外做官，参与国家管理、社会治理的后代，是家族的优秀代表，这些人应遵守基本的道德准则。

第七，读书是实现家族延续，使家族精神发扬光大的根本。在科举时代，读书参加科举考试，是实现个人和家庭阶层流动的主要路径，孔氏家族中除了曲阜孔府中的衍圣公，其他支脉的大部分孔氏家族的后代都需要通过读书来实现家族地位的延续，否则也会沦落为社会底层。

三、明订字辈

在更具体的方面，孔氏家族在族谱的基础上，更是十分重视字辈谱的作用。字辈谱是中国文化的重要组成部分，在一个家族中，每一辈人的名字都使用一个统一的汉字作为这一辈人的标志，这使得家族延续更加清楚简明。明初，朱元璋亲自为孔氏家族规定了8个辈字，从当时的第一辈开始，分别为公、彦、承、弘、闻、贞、尚、胤。

洪武年间，孔氏家族的第五十六代孔希学，以及第五十七代孔讷，先后袭封为衍圣公，于是把“希”和“讷”字的偏旁“言”字加上，构成10个字，即希、言、公、彦、承、弘、闻、贞、尚、胤。到了清代，为了回避雍正皇帝胤禛之讳，将胤改为衍；为了回避乾隆皇帝弘历之讳，将弘改为宏。

不过，随着孔氏家族的延续，很快就到了第十辈人。在明天启年间，袭封衍圣公的第六十五代孙孔胤植向朝廷申请，在原来10个字的基础上，又增加了20个字，即“兴毓传继广，昭宪庆繁祥，令德维垂佑，钦绍念显扬”。

到了民国8年（1919），衍圣公孔令贻（第七十六代孙）再一次向政府申请增加20个字辈谱的文字，即第八十六代至第一百零五代。这20个字为“建道敦安定，懋修肇彝常，裕文焕景瑞，永锡世绪昌”。到现在，孔氏的最小辈已经到了“钦”字辈。

有了这些字辈，只要知道一个人的名字，就能很快知道这个人是孔氏家族的第几代人。

第五章

纪纲古训，学识经邦：孔氏家族的学术传承

汉朝时，孔氏家族出了不少历史名人，这些人对儒家经典的传承起到了重要作用。他们承继孔子的思想，通过个人践行将儒家经典传承下来。

第一节　孔安国与汉代的经学传承

一、孔子留下的精神

孔子晚年对《诗》《书》《礼》《易》《春秋》等进行了整理，对经典的传承起到了重要作用。孔子曾说："吾自卫返鲁，然后乐正，《雅》《颂》各得其正。"（《论语·公冶长》）《雅》《颂》即为《诗经》的组成部分。

当时，鲁国的季康子开始执政，久闻孔子的学生冉求的政治才能，将冉求召回鲁国加以重用。冉求临行时，孔子的大弟子子贡向冉求交代，回到鲁国后，一定要体面地将老师请回鲁国。据子贡观察，此时的孔子已经想要回到鲁国了，只是还没有找到一个合适的理由。

当时，年事已高的孔子在外周游，居住在陈国，十分希望回到故乡鲁国，于是心生感慨地说："归与！归与！吾党之小子狂简，斐然成章，不

知所以裁之。”（《论语·公冶长》）

今天所说的“五经”，实际上在孔子之前就已经出现了。《左传·僖公二十七年》载：“说《礼》《乐》而敦《诗》《书》。《诗》《书》，义之府也。《礼》《乐》，德之则也。德义，利之本也。”孔子自己也一直重视对这些文献的学习。孔子的整理与转化，使这些文献变得更加符合当时的儒家思想和时代需要，并且将这些经典传播开来。

《庄子·天下》记载：“《诗》《书》《礼》《乐》者，邹鲁之士、搢绅先生多能明之。《诗》以道志，《书》以道事，《礼》以道行，《乐》以道和，《易》以道阴阳，《春秋》以道名分。”这些经典成为儒家思想的最重要载体，成为儒家思想的象征。

清代学者赵翼在《廿二史札记》中提到“古人习一业，则累世相传，数十百年不坠。盖良冶之子必学为裘，良弓之子必学为箕，所谓世业也”。自孔子以后，孔氏家族的历代子孙都尊重儒家经典的学习，也有许多人直接参与儒家经典的研究与传播，并且在儒家经典的传承上拥有不可替代的作用。

二、经典的传承

在秦汉之际的战乱时代，孔子的第九代孙孔鲋为了避免儒家经典遭受战火的破坏，就曾用自己的力量，在曲阜保存了一批经典。孔鲋一代，孔氏第一次出现三个男丁，分别是孔鲋、孔腾、孔树，结束了八代单传的局面。不过孔鲋、孔树两支在汉代中期均没有传下来，只有孔腾一支传了下来。

孔腾（第九代）之子为孔忠（第十代），孔忠之子为孔安国。孔安国是当时一流的经学大家，继承了孔氏家族一贯学习经典、重视经典、传播经典的优良家风。

孔安国，字子国，大约出生于汉景帝时期。儒家思想在汉元帝期间真正成为正统。汉景帝时期，即历史上的“文景之治”时期流行的主流思想为道家的黄老思想，儒家思想并未成为主流，不过由于儒家思想一直重视教育、重视传承，所以子弟众多，一直有很大的影响。

孔安国师从当时著名经学家申公学习《诗经》。汉代的儒家经学的传习，是最重视师承的，申公是《诗经》在汉初最重要的传承人之一。在孔安国受教育期间，申公恰好居住在鲁国，专门从事教育。

汉武帝时期，孔安国因经学学问优良，担任太学博士这一官职，之后又担任过谏议大夫、临淮太守的职务。在当时，只有一种经典最权威的研究者才能成为博士。终其一生，孔安国所担任的官位并不高，他对历史的贡献主要体现在学术上，而孔安国的学术贡献又集中在《尚书》的研究与传承上，他对儒家经典在汉代的传承起到了至关重要的作用。

三、《今文尚书》

今天一般认为，《尚书》分为《今文尚书》和《古文尚书》，其中《古文尚书》比《今文尚书》多十几篇。这两种《尚书》的传承都与孔安国有着直接而密切的关系。

由于长期的战乱和秦朝“焚书坑儒”政策的影响，儒家经典的传承面临着很大的危机。进入汉代，国泰民安，政府便四处派人访求存留的历史典籍，但是在文字写法都出现剧烈变化的背景下，像《尚书》这样本身就很古老的历史典籍，几乎已经到了无人能读懂的程度。

秦汉之际，儒家思想的忠实信奉者伏生冒着生命危险，把《尚书》藏在故乡房屋墙壁的夹层里。等到战乱结束，伏生回到家乡，从中找到当年所藏的《尚书》，但是因为时间太久，很多内容已经无法辨认，只剩下了二十九篇尚可阅读。伏生便把这二十九篇《尚书》拿出来，誊写之后，在故乡齐鲁一带招收学生，讲授、传播。为了让学生读懂，在教授过程中，使用当时通行的隶书进行辗转抄写，而原本墙壁中所收藏的篆书版本《尚书》渐渐消失了。

所谓的“今文”，即是指当时汉代人所使用的隶书，是汉代人眼里的“今”，所以伏生传授的《尚书》便称为《今文尚书》。汉代中期以后，《今文尚书》的传承体系主要分为大夏侯氏、小夏侯氏和欧阳氏三支。

孔安国也是汉代《今文尚书》传承脉络里的重要一环。在伏生的所有学生中，张生、欧阳生和孔安国是最重要的三人，张生一脉传承之后，形成大、小夏侯氏《尚书》解读体系，而孔安国和欧阳生两人共同的最重要的学生之一是倪宽。兒宽在完成学业后担任过高级官员三公之一的御史大夫，这在当时对于儒家思想成为主流思想起到了重要作用。尤其是，正是倪宽的解读让汉武帝本人认可了《尚书》的重要性。《汉书·儒林传》中说：“宽又受业孔安国，至御史大夫，自有传。宽有俊材，初见武帝，语经学。上曰：‘吾始以《尚书》为朴学，弗好，及闻宽说，可观。’”

后来，倪宽的学生也影响到夏侯氏的《尚书》。所以孔安国对《今文尚书》的解读，曾经影响了汉代《今文尚书》的三支，是《今文尚书》的重要传承者。

四、《古文尚书》

《古文尚书》是今天看到的经过后人整理的《十三经注疏》中的《尚书》。《古文尚书》的保存、发现和传承都与孔氏家族有直接关系。《古文尚书》的传承也是孔安国的学术贡献。

《古文尚书》在汉代出现在大众视野里的时间，要比《今文尚书》晚一些。在汉武帝末年，当时分封到曲阜的鲁恭王损坏了孔子的故居，发现了孔子故居中保存的几种典籍，其中就有《尚书》。

这次发现的《尚书》，比当时已经在太学中流传的《尚书》多出了十几篇，而且使用的文字完全不同，当时称之为“蝌蚪文字”，是先秦篆体文字，是汉朝人眼里的“古文”，所以称为《古文尚书》。

孔安国本身就以研究《尚书》知名于世，便第一次用汉朝的隶书体撰写了这次发现的《古文尚书》，并且为《古文尚书》做了序言、注解。汉武帝晚年，朝政混乱，所以《古文尚书》虽然在当时也十分受尊重，但是在汉武帝时期并没有来得及确立为正式的儒家经典。

在西汉时期，随着时间的推移，《古文尚书》逐渐受到重视，司马迁也曾向孔安国求教过《尚书》中关于上古历史的记载问题。相比之下，《今文尚书》对《尚书》的解读更烦琐、空疏，东汉以后，将自然灾害与国家政治活动附会在一起的谶纬之学也充斥其间。

东汉以后，《古文尚书》的地位渐渐超过了《今文尚书》，很多人不顾朝廷的意见，坚持学习《古文尚书》，而《古文尚书》最权威的注解就是“孔传”，即由孔安国注解的版本，这一注解在今天的《十三经注疏》中仍可以完整看到。

不过，经过清代以来从事《尚书》研究的许多学者多方考证，现在一般认为，今天看到的“孔传”，以及孔安国为《古文尚书》所写的“序”，并非是孔安国本人所为，而是后人假托孔安国之名所为，所以经常将“孔传”称为“伪孔传”，也进一步将《古文尚书》称为“伪古文尚书”。

实际上，即使真实的“孔传”也未必就是由孔安国本人逐句写下，更有可能是由孔安国口述，他的弟子记录，然后由更多的人整理完成。

在几百年的历史中，“孔传”经过无数人辗转传播，加工完善。在真实的“孔传”中所包含的思想逐渐深入人心，影响人们对《尚书》的解读，实际上也会随着时间的推移而不断经人有意无意地改造，逐渐变了样子。也就是说，今天所看到的“伪孔传”虽然不是孔安国本人所作，但以孔安国对《古文尚书》的传播所起的作用和影响，“伪孔传”也深深地包含了孔安国的思想。否则，不要说伪造“孔传”的人，就是西汉时期的人恐怕连读都读不懂，更不要说解释《尚书》了。

尚书序

孔安国

先君孔子，生于周末，睹史籍之烦文，惧览之者不一，遂乃定礼乐、明旧章，删《诗》为三百篇，约史记而修《春秋》，赞《易》道以黜八索，述职方以除九丘。讨论坟典，断自唐虞，以下迄于周，芟夷烦乱，剪截浮辞，举其宏纲，撮其机要，足以垂世立教，典谟训诰誓命之文，凡百篇，所以恢弘至道，示人主以轨范也。帝王之制，坦然明白，可举而行，三千之徒，并受其义。

及秦始皇灭先代典籍，焚书坑儒，天下学士，逃难解散，我先人用藏其书于屋壁。汉室龙兴，开设学校，旁求儒雅，以阐大猷，济南伏生，年过九十，失其本经，口以传授，裁二十余篇，以其上古之书，谓之《尚书》。百篇之义，世莫得闻。

至鲁共王好治宫室，坏孔子旧宅，以广其居，于壁中得先人所藏古文虞夏商周之书及《传》《论语》《孝经》，皆科斗文字。王又升孔子堂，闻金石丝竹之音，乃不坏宅，悉以书还孔氏。科斗书废已久，时人无能知者，以所闻伏生之书考论文义，定其可知者，为隶古定，更以竹简写之，增多伏生二十五篇。伏生又以《舜典》合于《尧典》，《益稷》合于《皋陶谟》，《盘庚》三篇合为一，《康王之诰》合于《顾命》，复出此篇，并序，凡五十九篇，为四十六卷。其余错乱磨灭，弗可复知，悉上送官，藏之书府，以待能者。

承诏为五十九篇作传，于是遂研精殚思，博考经籍，采摭群言，以立训传，约文申义，敷畅厥旨，庶几有补于将来。

五、孔安国的家族传承

《后汉书·孔僖传》记载，孔氏家族“自安国以下，世传《古文尚书》”。

孔安国之子孔卬（第十二代），因为种种原因没有成为博士，不过也曾在太学中学习。

孔印之子孔衍、孔驩（第十三代）均在汉成帝时期担任博士，后辈均将此视为人生的本分。

孔驩之子孔立（第十四代），生活在东汉初年，与著名学问家刘歆交好，经常切磋学问，后来回到故乡从事教育，有几百名学生。

孔立之子孔元（第十五代），曾经参与刘歆主持的国家图书文献整理校对工作。

孔元之子孔建（第十六代），好学不倦，但对从事政治没有兴趣。有一次，一位做官的朋友劝他出来做官，孔建说："吾有布衣之心，子有冠冕之志，各从所好，不亦善乎？"

孔建之子孔仁（第十七代），学识卓然，曾担任议郎、博士，官至南海太守。

孔仁之子孔丰（第十八代），《孔子世家谱》中说他"以学行闻名，明帝时辟司空府，章帝时为御史"。

孔丰之子孔僖（第十九代），生活在东汉中期，曾担任兰台令史，后来担任临晋县令。兰台是当时朝廷收藏图书、档案的地方，相当于现在的图书馆或者档案馆，兰台令史必定是学问广博的人才能担任。《后汉书》有《孔僖传》。

孔僖之子孔长彦、孔季彦（第二十代），兄弟两人自幼随父亲在临晋生活，传承家学。《孔丛子》中有一则关于孔季彦的故事，显示了他对世界的深刻思考。

季彦见刘公，客适有献鱼者。公孰视鱼，叹曰："厚哉！天之于人也。生五谷以为食，育鸟兽以为之肴。”

众坐佥曰：“诚如明公之教也。”

季彦曰：“贱子愚意，窃与众君子不同，以为不如明公之教也。何者？万物之生，各禀天地，未必为人。人徒以知得而食焉。故《孝经》曰：‘天地之性，人为贵。’贵有知也。伏羲始尝草木可食者，一日而遇七十二毒，然后五谷乃形，非天本为人之生也。蚊蚋食人，蚓虫食土，非天故为蚊蚋生人，蚓虫生地也。知此不然，则五谷、鸟兽之生，本不为人，可以为无疑矣。”

公良久曰：“辨哉！”众坐默然。

可见，孔安国一支在整个汉代，都始终将儒家经典的传承作为家族家风传承的一部分，将学习儒家经典作为一种荣誉，将学习儒家经典作为人格修养的一部分，始终确信儒家经典能给一个人带来优良的品质。

孔安国一支是整个汉代孔氏家族的代表，汉代孔氏家族的其他支派也是尊重经典、传承家学、好学不倦。与孔安国同一辈的孔臧在《乞为太常书》奏折中说：“臣世以经学为业，家传相承，作为训法。今俗儒繁说远本，杂以妖妄，难可以教……臣乞为太常，典臣家业，与安国纪纲古训，使永垂来嗣。”

孔臧仰慕孔安国对儒家经典所做的贡献，他认为这是作为孔子后代人应尽的义务，匡正世人对儒家经典的误解，也是孔氏家族应该承担起的社会责任。

孔臧曾给儿子孔琳写过一封家书。这封家书在历史上称为《与子琳书》，信中显露了汉代孔子家族对于通过学习儒家经典来实践修身、齐家、治国、平天下这一理想念兹在兹的追求。《与子琳书》全文如下：

告琳，顷来闻汝与诸友生讲肄《书传》，滋滋昼夜，衎衎不怠，善矣！人之讲道，惟问其志，取必以渐，勤则得多。山溜至柔，石为之穿；蝎虫至弱，木为之弊。夫溜非石之凿，蝎非木之钻，然而能以微脆之形，陷坚刚之体，岂非积渐之致乎？训曰："徒学知之未可多，履而行之乃足佳。"故学者所以饰百行也。

侍中子国，明达渊博，雅学绝伦，言不及利，行不欺名，动遵礼法，少小长操。故虽与群臣并参侍，见待崇礼不供亵事，独得掌御唾壶，朝廷之士，莫不荣之。此汝亲所见。《诗》不云乎？"毋念尔祖，聿修厥德"。又曰："操斧伐柯，其则不远。"远则尼父，近则子国，于以立身，其庶矣乎。

孔安国的侄子孔延年（第十二代）也曾在汉武帝时任《尚书》博士。孔延年之子孔霸（第十三代）在汉昭帝时期成为博士。孔霸之子孔光（第十四代）则在汉成帝时期成为博士。祖孙三代专门研究《尚书》，并且每一代都成为这一领域的顶尖专家，可见孔氏家族家风的稳定与深厚。孔霸另一子孔福（第十四代），即是孔颖达的祖先。

第二节 孔颖达与唐代儒家经典的传承

一、孔颖达的世系与生平

孔颖达，字仲达，是孔子第三十二代孙。

生活在汉代末年的孔福为孔氏家族第十四代孙，这一支因第十六代孔尚担任巨鹿（在今河北省）太守，便迁居到当时的巨鹿地区生活。

第十八代为孔贤，孔贤长子孔宙（第十九代）官至太山都尉。孔宙有七子，第四子是孔融，在当时名重一时，不过孔融一家被曹操所杀，没有后人。

孔颖达是孔贤第三子孔彪（第十九代）的后代。孔彪曾孙孔扬（第二十二代）生活在魏晋时期，受封下博亭侯，便举家住在下博县孔贤庄，也就是今天的衡水市一带，此地即为孔颖达的故乡。

从二十二代孔扬传到第三十二代时，孔颖达家族已在衡水居住了十代。据《孔子世家谱》记载，这一支十代单传，人丁并不兴旺。

孔颖达曾祖父为孔灵龟（第二十九代），生活在南北朝时期的北魏，曾担任北魏的国子博士。

孔颖达的祖父为孔硕（第三十代），曾担任北魏治书侍御史南台丞，为主要负责纠察朝廷礼仪类事务的官员。

孔颖达的父亲为孔安（第三十一代），生活在从北魏到北齐的过渡时期，曾担任北齐青州的法曹参军。

孔颖达出生在北周时期，经历了北周、隋、唐三个朝代，他融合南北经学家的见解，编纂出《五经正义》。

据《册府元龟》记载，孔颖达“八岁就学，日读千余言，至暮更诵，未尝嬉戏，有异凡童”。当地人看到孔颖达都为之称奇。

《旧唐书·孔颖达传》记载：“及长，尤明《左氏传》、郑氏《尚书》、王氏《易》、《毛诗》、《礼记》，兼善算历，解属文。”《左氏传》即《左传》；郑氏《尚书》为东汉末年郑玄综合当时各家的思想对《尚书》的解读，为汉代《尚书》研究的集大成者；王氏《易》为魏晋时期王素对《易经》所做的注解；《毛诗》是西汉时的鲁国毛亨和赵国毛苌对当时的古文《诗》做的注解，后来经过郑玄的进一步注解，并经孔颖达的整理，流传至今。

汉代的学者们，终其一生，大多只是集中精力专门研究一两种儒家经典，而唐代的学者则关注点相对广泛，孔颖达甚至一个人同时精通“五经”。

隋文帝开皇十四年（594），孔颖达曾前去拜访同乡刘焯，刘焯是当时知名的大儒。《旧唐书·孔颖达传》记载："同郡刘焯名重海内，颖达造其门，焯初不之礼。颖达请质疑滞，多出其意表，焯改容敬之。颖达固辞归，焯固留，不可。"这时候的孔颖达只是初出茅庐的晚辈，去拜访刘焯，可能主要是求教学问，也是想借助刘焯之名，提升自己的影响力。

隋文帝开皇二十年（600），孔颖达在所居住的乡里招收弟子，传习儒家经典。这一时期，朝廷开始推进人才选拔制度改革，改变以往主要依靠地方官员推荐人才的方法，而是逐渐依靠分科考试的办法，由考生根据自己擅长的儒家经典，选择考试科目，朝廷依据考试成绩录用人才。同时，朝廷逐渐也将人才选拔作为专门事务来对待，负责人才选拔和官员考核事务的吏部职能逐渐独立。在这种背景下，儒家经典在普通读书人乃至所有有理想的家族眼里的地位陡然上升，要想改变家族命运，必须以懂得儒家经典为前提，于是从事教育工作的孔颖达兼通"五经"，在地方上的地位逐渐上升。

当时，在冀州担任刺史的窦抗喜好儒学，经常与本地的儒生们一起讨论儒家经典的内容。《旧唐书·儒学上》中说："盖文达，冀州信都人也。博涉经史，尤明三传。性方雅，美须貌，有士君子之风。刺史窦抗尝广集儒生，令相问难。其大儒刘焯、刘轨思、孔颖达咸在坐，文达亦参焉。"从这处关于盖文达的记载中可以看到，随着时间的推移，孔颖达在冀州地区的影响力越来越大，开始与刘焯等人相提并论。

隋炀帝即位后，科举考试继续进行，孔颖达也参加了科举考试，并在考试之后获得河内郡博士这一与教育有关的职务，负责河内郡的教育事务。这一时期的科举考试，与后来明清时期的科举考试差别还很大，严格来说只是推举制度向科举制度的过渡时期，个人名声与科举考试结果关系很大。

隋炀帝大业五年（609），朝廷将各地的儒家学者召集到都城，与当时中央教育机构国子学的学者们展开交流。在这次交流活动中，孔颖达脱颖而出，冠盖群雄。孔颖达毕竟只是来自地方的一个普通教育人员，他的表现如此出众，引起了国子学学者们的强烈不满，有人甚至派出刺客要刺杀孔颖达。所幸，这时候礼部尚书听闻了消息，请孔颖达到自己家里住下来，才避免了一难。之后，在杨玄感的推荐下，孔颖达便留在京城，在另外一个与国子学相并列的中央教育机构——太学担任助教。

不过孔颖达的好日子并没有长久。没过几年，与隋炀帝逐渐产生隔阂的杨玄感起兵谋反失败被杀，这是隋炀帝时期第一次重大政治变乱。作为杨玄感曾经推荐过的人，孔颖达也受到牵连，他离开都城，到虎牢关一带避难。此地离都城不远，也很容易进一步远走，还是回到故乡的必经之地。虽然他随时准备逃回故乡冀州，但却在此地留居了很多年，静观天下之变。

杨玄感之乱，隋炀帝大开杀戒，连接受过杨玄感分发粮食的普通百姓都不能幸免，前后有几万人被杀，引起民愤，各地起义的人越来越多。几年后，隋炀帝在南方被杀，李渊迅速起兵，平定北方局势。

唐武德四年（621），李渊之子李世民收复东都洛阳，之后广纳四方有学之士，年近半百的孔颖达进入李世民专为招纳士人创办的文学馆，成为当时名闻天下的“十八学士”之一。“十八学士”分别是杜如晦、房玄龄、于志宁、苏世长、薛收、褚亮、姚思廉、陆德明、孔颖达、李玄道、李守素、虞世南、蔡允恭、颜相时、许敬宗、薛元敬、盖文达、苏勖。之后，孔颖达担任唐朝国子博士，后来又升任国子司业、祭酒，成为国子监的主要管理者之一。

二、孔颖达的学术贡献

唐太宗李世民与孔颖达关系甚好，他相信孔颖达的学识，将太子李承乾交给孔颖达教育。《册府元龟》卷二五八载：“唐太子承乾，太宗长子。少敏惠，太宗甚爱之。贞观八年九月，太子来朝。太宗谓侍臣曰：‘我以承乾多疾病，不令读书，但与孔颖达评论古事。我试令作数纸书言经国大体，立成三纸，颇有可观。先论刑狱为重，深得经邦之要也。’”

李世民自己也经常与孔颖达讨论学问。有一次，李世民问孔颖达：“《论语》云：‘以能问于不能，以多问于寡，有若无，实若虚。’何谓也？”这是出自《论语·泰伯》中曾子的一段话。按照一般人的经验来说，往往应该不懂的人向懂的人请教，唐太宗想知道为什么《论语》中却说出这样违背一般经验的话。

孔颖达回答说：“圣人设教，欲人谦光。己虽有能，不自矜大，仍旧不能之人求访能事。己之才艺虽多，犹病以为少，仍旧寡少之人更求所益。己之虽有，其状若无；己之虽实，其容若虚。非惟匹庶，帝王之德亦当如此。夫帝王内蕴神明，外须玄默，使深不可知。故《易》称‘以蒙养正，以明夷莅众’。若其位居尊极，炫耀聪明，以才陵人，饰非拒谏，则上下情隔，君臣道乖，自古灭亡，莫不由此也。”孔颖达从儒家思想“谦”的视角解释了这一问题，儒家主要是从个人知识和道德成长的角度，而非社会分工的角度展开的。

太宗曰：“《易》云：‘劳谦，君子有终，吉。’诚如卿言。”（《贞观政要·谦让》）

贞观十二年（638），孔颖达已经65岁，他从国子司业升迁国子祭酒，同时仍旧辅佐太子读书。孔颖达在担任国子祭酒期间，主持了《五经正义》的编纂，为儒家经典在唐代及之后的传承起到了至关重要的作用。这也是孔颖达从国子祭酒一职退休之前从事的最重要的一项工作。

《贞观政要·崇儒学》曰：“太宗又以文学多门，章句繁杂，诏师古与国子祭酒孔颖达与诸儒撰定《五经疏义》，凡一百八十卷，名曰《五经正义》，付国学施行。”

《五经疏义》的编写十分仓促，只用了两年时间，贞观十四年（640）书稿就全部完成了。在《五经疏义》编写完成后，唐太宗建议改名为《五经正义》，并继续委托孔颖达等人进行仔细审核、修订。审核修订工作持续了很多年，孔颖达退休以后还在进行，直到贞观二十一年（647），孔颖达已经74岁，《五经正义》才最终完成审核。孔颖达为《五经正义》的五种书分别写了序，叙述了各经书的流传过程以及孔颖达的参考对象、编写方法等。

在此之后，《五经正义》成为朝廷所认可的对儒家经典最官方、最正式的系统解读，并在全国传播开来。要知道，这些儒家经典到了唐代已经有一千多年的历史了，随着语言环境的变化，经典中的很多话语可以同时做出差别迥异的解释。有时候，很多学者对儒家经典进行了芜杂无边的解读，一句话可能进行了上千、上万字的解释；也有人胡乱附会，使儒家经典充满了神鬼思想；也有人受到道家、佛教思想的影响，歪曲儒家经典的本来面目；有的注解言辞过于华丽，脱离了注解的本来应有方法。这些做法实际上严重影响了儒家经典的解释力和影响力，儒家经典的解读在唐代已经到了不得不进行系统整理的程度了。

孔颖达主持的《五经正义》集合了前人最精华、最重要的注解，尤其是对前人的注解进行了大幅精简删汰，形成一种简洁、实在、实用的注解体系。《五经正义》并非是孔颖达个人所写，而是多人共同完成，其中大部分内容也不是孔颖达个人对儒家经典的原创注解，而是在汉代学者研究和注解儒家经典的基础上，对汉代和魏晋南北朝各方注解做了广泛吸收采纳，汇编整理。

宋代的《郡斋读书志》中说："自晋室东迁，学有南北之异。南学简约，得其英华；北学深博，穷其枝叶。至颖达始著《义疏》，混南北之异。虽未必尽得圣人之意，而刑名度数亦已详矣。自兹以后，大而郊社宗庙，细而冠婚丧祭，其仪法莫不本此。"这十分中肯公允。

不过，《五经正义》也带来一些问题。由于《五经正义》是以朝廷名义颁布的，在此后逐渐成为科举考试所认可的儒家经典注解的依据。在没有发明印刷术的时候，一种著作的传播十分不易，广大读书人只能将大部分精力用在《五经正义》上，而魏晋南北朝时期其他人的注解逐渐消失在了历史中，大部分散佚殆尽，成为儒家经典研究史上的重大损失。

也正因此，对于明清以后的学者来说，在经史子集四部中，《十三经注疏》是最核心的经部文献。儒家经典大都历史悠久，越古老的注解，保存得越少，而《十三经注疏》保存了最大数量、最完整成体系的唐代及之前对儒家经典的解释。在《十三经注疏》中，《五经正义》更是居于最核心的位置。

《五经正义》本身也存在着诸多问题。经过后人，尤其是清代以来诸多学者的仔细研究考证，《五经正义》的许多内容存在各类纰缪，甚至《五经正义》所选择的《古文尚书》本身被考证为“伪书”。在一定意义上也可以说，正是《五经正义》的存在，才为清代以来为数众多的学者提供了基本研究对象，学者们借此才能了解到较早时期的学者对儒家经典的系统看法。将《五经正义》作为研究对象，上溯更早时期人们对于经典思想的认识。如果没有《五经正义》，那么后世学者可能连一种完整的研究对象都没有，也不可能以《五经正义》所保存的汉代至南北朝时期研究成果为基础，进行更进一步的研究。

后代的研究，实际上大部分都是在《五经正义》的基础上进行的，合理地批评固然是应该的，但是经典研究始终以真正理解经典为最终方向，缺乏建设性的一味地怀疑和否定，为了批评而批评的做法，不是学术研究的最终目的。

除了《五经正义》，孔颖达还参与了其他多种重要历史文献的编写。比如参与了《隋书》的编写，参与了《大唐仪礼》的编写等。

孔颖达一生并没有担任过高官，但是他对儒家经典的传承起到了至关重要的作用。《旧唐书》这样评价孔颖达：“孔颖达风格高爽，幼而有闻。探赜明敏，辨析应对，天有通才。人道恶盈，必有毁讦。及《正义》炳焕，乃异人也。虽其掎摭，亦何损于明！”

孔颖达有三个儿子，分别为孔志玄、孔志约、孔志亮（第三十三代），均是学有所成，能继承家族志业之人。

第六章

身担道义，坚守原则：孔氏家族的从政者

孔子的一生主要从事教育，也曾做官。在53岁到55岁这几年，孔子担任鲁国的大司寇，这是辅佐鲁国国君的重要职位。不过，在此期间，鲁国的主要权力已经不属于鲁国国君，而属于当时的季氏家族。孔子无法施展自己的理想，在一次尝试削弱季氏家族权力遭到失败之后，他逐渐放弃了从事政治活动的想法。在孔子留下的《论语》中，“为学”与“为政”是最重要的两个方面，他的政治思想主要包括“为政以德”“为国以礼”“爱惜民力”等。孔子留下的政治思想，也影响着他的后代。在孔子的后代中，有不少人曾经担任过重要官职，比如西汉时期的孔光曾官至宰相，东汉末年的孔融则名重一时，他们的身上无不存有孔子留下的思想踪迹。

第一节　孔光的为官经历

一、孔光的世系与生平

孔光，字子夏，是孔子的第十四代孙。从孔光的字便可以看出他对儒家思想的崇敬。孔光生活的时期，正是儒家思想在中国开始成为主流思想的时期。汉武帝去世之后，较长时间主持国政的是霍光和汉宣帝，这一时期儒家思想并没有得到格外的重视。汉宣帝甚至公开对外宣布“汉家自由制度，本以霸王道杂之，奈何纯用德教，用周政乎”。“王道”是指儒家，“霸道”则是非儒家，也就是说汉代的兴起，本身就不是以儒家思想为指导的，汉武帝的“罢黜百家，独尊儒术”，在他去世之后并没有一直执行。

到了汉元帝时期，儒家思想才真正引起重视。汉元帝在当太子时，就曾建议他的父亲重视儒家思想，但遭到了汉宣帝的反对。对于太子的种种做法，汉宣帝担忧地说：“坏我家法，太子也。”在汉宣帝看来，汉代皇室祖传的治理天下的方式，恐怕就要在这位太子，也就是即将即位汉元帝手中遭到破坏。

孔光生活在研究《尚书》氛围浓厚的家庭里，家里的长辈有多人专攻《尚书》。孔光的父亲孔霸和祖父孔延年都曾担任《尚书》博士。在汉代，博士是重要的教育和咨询官员，汉武帝时期，国家为儒家的“五经”都设立了博士，比如《尚书》博士就是专门研究《尚书》的官职，这些博士当然是由学有所长的人担任。随着儒家思想受到重视，博士越来越受到尊重，后期的博士也越来越多地参与到国家政事的咨询工作中。

孔光的父亲孔霸在当时已经是著名的《尚书》研究学者。早年，孔霸曾为学习《尚书》，拜当时最著名的《尚书》研究者夏侯胜为师。后来，孔霸成为博士，经历了汉武帝、汉昭帝、汉宣帝时期，并且教授汉元帝读书，成为皇帝的老师。汉元帝即位后，十分重视儒家思想，也非常尊重他的这位老师，一度希望孔霸担任丞相，不过孔霸一直以读书人自居，为人谦虚，不喜做官。有一次，御史大夫贡禹去世了，继任者薛广德也因故被罢免，汉元帝已经决定任命孔霸担任御史大夫，孔霸却坚决辞让，最终没有接受任命。

生在这样的时代，又是孔子的后代，孔光从小便是生活在这样一个以研究儒家典籍为志业，而以做官为末业的家庭环境里。

孔霸有四个儿子，孔光是最小的一个，不过他的学习成绩最好。孔光的几个哥哥在成年以后都担任了非正式官员，孔光因为学习成绩好，受到举荐，成为议郎。汉代官员的选拔制度主要是察举制，所谓的察举制，主要是国家按照需要，每年分配给各地一定名额的举荐资格，地方官根据对本地人物的了解情况，向国家推荐优秀人才，并同时对所推荐人才的品行负责，一旦所推荐的人出了问题，推荐者也会一并受到处罚。一般受到推荐的人都是本地学习成绩好、熟读经书、人品甚好、名声优良、孝顺父母的年轻人。这些年轻人被推荐到中央以后，经常有比较好的前途。

二、好学名经　谨守法度

汉成帝即位以后，孔光升迁为博士。这一时期的博士，其职位功能已经逐渐超越研究儒家经典的范畴，而是在儒家思想受到重视的背景下，担任越来越重要的使命，经常作为特派官员，代表朝廷出外执行各类专门任务，比如督查地方重要案件审理、调查各地民风民情、处理自然灾害等突发事件。孔光每次执行这类任务都受到好评。

博士这一职务也有考核。考核分为优秀、中等、较差。较差的只能离开中央，到各地诸侯王国中任职。中等的担任刺史，协调地方事务。优秀的则担任尚书，即直接参与皇帝直属秘书机构的政务，是最有前途的职务。博士任职期满后，孔光获得优秀的考评，担任了尚书，参与国家政策方针的讨论，在处理政务中逐渐熟悉各类制度，之后又升迁为仆射、尚书令。

担任汉成帝的秘书，最需要谨慎的做事风格，孔光以孔氏家族一贯拥有的兢兢业业、如履薄冰的态度做事，《汉书》中说孔光在尚书的职位上“周密谨慎，未尝有过”。

在担任尚书令几年后，孔光专任光禄大夫，由于之前的优异表现，孔光在担任光禄大夫时，就享受了光禄勋的待遇，官职级别为“中二千石”，之后又升任光禄勋，再之后又升任御史大夫。

在汉代三公九卿的官职体系中，光禄大夫是九卿之一光禄勋的下属。御史大夫则是与丞相、太尉并列的三公之一。不过孔光所处的时期，三公九卿所负责的政务越来越少，逐渐成为一种荣誉性质的闲职，担任三公九卿，获得的主要是一种身份、级别和荣誉上的肯定。

孔光并非只是担任三公九卿系列中的闲职，他在担任光禄大夫的同时，一直在尚书台上班，主持朝廷政策和各类大政方针的制定和发布，《汉书》说孔光“典枢机十余年，守法度”。

孔光继承了孔氏家族一贯的作风，刚毅笃信，谦虚谨慎，坚守本分，好学上进。《汉书》中说孔光“守法度”，是指在汉成帝讨论各类问题时，他并不是一味地顺从皇帝的想法，而是根据自己对儒家经典的了解，依据对经典的精神和自己的所想做出回答。对于一些政策，在皇帝不同意的情况下，孔光也不拼命反对。正是因为这种不断以儒家经典为指导的做法，让孔光能十几年如一日地主持朝廷各类具体事务的安排。

作为皇帝身边的秘书，孔光经常出入内廷，每日都接触各类国家机密，但是他从来不向家人和身边的朋友透露任何朝廷内部消息。汉代的朝廷官员，每五天中有一天是休息日，孔光在休息日与家人交谈，永远都是只说家事，从不涉及任何朝廷事务。有一次，对内廷很感兴趣的一位朋友问孔光：“皇帝生活的内廷，种的是什么树？”就是对于这样的问题，孔光也嘿嘿一笑，用其他的话转移过去，不作回答。有时候，他向朝廷提出某个建议，但是所有建议的草稿全部被他销毁。孔光也举荐大量人才，但他行事低调，从不让受举荐者知道。

孔光是儒家开创者孔子的后代，家中世代研究和传承儒家经典，从小学习优秀，年纪轻轻就进入朝廷，参与国家核心政务。与此同时，他在汉成帝做太子时担任其老师，与汉成帝有很亲近的关系，不像很多人一样喜欢结党营私，拉帮结派，往来游说以推销自己的政策或者谋取利益。后来，孔光一直担任高官，甚至一度担任丞相，有很多人慕名前来拜师，并且在学成之后成为博士、大夫之类的官员。这些学生本来一直希望孔光能帮助他们向朝廷推荐，以获得升迁，但是孔光始终都没有这样做。他坚持只做好自己本分的事情，对他人或者国家有好处的，就默默去做，而不刻意追求他人的回报，遇到事情，宁可受一些损失，也不有求于他人。

三、坚守原则　尊重理想

在中国古代，皇位的交接一直是各个朝代政治活动中最核心的问题。汉成帝登基20多年一直没有儿子，于是决定从与汉成帝血缘关系最近的两个人中选一个作为太子继承皇位，以保持政权的稳定，这两个人一个是汉成帝的弟弟中山孝王，另一个是汉成帝的侄子定陶王。亲弟弟与侄子相比，孰亲孰远，这是很清楚的，自然是弟弟在血缘上关系更近一些。

这时候，定陶王的祖母听到消息后，四处托人帮忙，找到了与汉成帝关系最近的赵皇后和汉成帝的舅舅大司马王根，他们建议汉成帝以定陶王作为继承者，汉成帝也同意了，于是召集当时朝廷中最有威望的几个人，即丞相翟方进、御史大夫孔光、右将军廉褒、后将军朱博前来开会商讨确立太子的事情，当然参加会议的也有掌握军权的大司马王根等汉成帝的至亲。在这种情况下，大家自然都揣摩汉成帝的意思，提出应该以定陶王作为继承人。丞相翟方进、大司马王根引出经典，认为："定陶王帝弟之子，《礼》曰'昆弟之子犹子也'，'为其后者为之子也'，定陶王宜为嗣。"在这次会议上，只有孔光一个人坚持认为应该以中山王为继承人。他认为"礼，立嗣以亲，中山王先帝之子，帝亲弟也，以《尚书·盘庚》殷之及王为比，中山王宜为嗣"。孔光个人的坚持当然无法改变现实，最终汉成帝还是选择了立定陶王为太子。

孔光在参与这次重大会议时，已经很清楚现实的情况，他明白自己的坚持是无法改变现实的，但仍旧坚持自己的观点，坚持在国家重大事务上不能违背儒家的基本原则。正是因此，孔光遭到降职，从三公之一的御史大夫降职为九卿之一的廷尉。

孔光坚持的是儒家的基本原则，尊重人伦、尊重人性、尊重人类感情始终是孔光一生的行事准则，也是整个孔氏家族的行事准则。孔光在长期研究儒家经典的过程中，形成了对儒家核心问题即人伦问题的深厚理解，儒家对人伦的认识，孔光的祖先——孔子所开创的儒家思想的希望，并不是像宗教一样，通过否定人性，通过实现人性的逆转来建立人的生活秩序和社会秩序，而始终都是对人性的一种自然延伸。

有一次，皇室外戚淳于长犯了重罪，按照当时的法律规定，淳于长面临的惩罚是"大逆无道，父母妻子同产，无少长皆弃市"。"弃市"本意为"刑人于市，与众弃之"，即死刑。不过，淳于长妻子的情况有些特殊，在淳于长犯罪之后被判刑之前他们离了婚，朝廷对于处理这种情况深感棘手。当时的司法解释认为："犯法者各以法时律令论之，明有所讫也，长犯大逆时，廼始等见为长妻，已有当坐之罪，与身犯法无异。后乃弃去，于法无以解。请论。”淳于长犯了大逆不道之罪，法律的惩罚当然要有一个确定罪责的时间点，这个时间点就是犯罪当时。在犯罪当时，淳于长的妻子还没有离婚，那么就应该按照这个时间点的身份接受惩罚。

孔光认为，法律规定的惩罚措施是为了警示后人。夫妇之道，有义则合，无义则离。淳于长的妻子选择离婚的时候，并不知道淳于长已经犯了罪，只是从夫妇之道出发选择了离婚。在夫妇之道已经断绝之后，淳于长被发现了犯罪的事实，这时候进行处罚，再回溯到一位已经与之断绝了夫妇之道的人身上，也有违于夫妇之道，名不正、言不顺。最终，朝廷接受了孔光的建议。

可见孔光并不是读死书，而是将孔子开创的儒家思想融入自己的精神世界中。他最擅长的就是将儒家对人伦的理解，运用在国家政治活动中。儒家经典对国家政治活动的影响，不是只停留在口头上，也不是只停留在宣传口号上，而是产生了实实在在的影响。

汉成帝去世后，定陶王即位，即为汉哀帝。在汉成帝去世之前，孔光便已经升任左将军，并且兼管右将军的事务，成为国家军队的主要管理者。在担任左将军几个月之后，丞相翟方进去世，孔光升任丞相，在印绶做好的那个晚上，汉成帝突然去世，新任丞相只好于这一天夜里，在汉成帝的灵位前接受丞相印绶，担任汉哀帝第一任丞相。

孔光的后半生，曾十几年位处朝廷核心权力层，是汉代孔氏家族官级最高的人。在汉代，孔氏家族也有其他一些人担任朝廷官员，比如孔光的祖父、父亲等。这些孔氏家族的后代在为官的过程中，表现出了一些共同特征。这些特征中的很大一部分能在孔子身上找到一些影子。

第二节 孔融的为官经历

一、良好的天分与家教

在东汉末年，孔氏家族中最著名的人物是孔融。孔融为孔子的第十九代孙。

孔融，对于大部分中国人来说，这是一个既熟悉又陌生的人。一般人对于孔融的熟知主要来自“孔融让梨”这一家喻户晓的故事。

“孔融让梨”的故事最早应见于唐代李贤为《后汉书·孔融传》做的注解。李贤引用了当时仍可见的《孔融家传》说：“（孔融）年四岁时，与诸兄共食梨，融辄引小者。大人问其故，答曰：‘我小儿，法当取小者。’由是宗族奇之。”这则故事伴随着《三字经》中的“融四岁，能让梨”在中国儿童教育中传唱了上千年。

少年时期的孔融便表现出种种非凡的特点。在汉代的几百年里，孔氏家族十分重视教育，孔子的很多后代从小都受过良好的教育。《后汉书》记载，孔融10岁那年，跟父亲一起到京城洛阳生活。京城里有很多名满天下的名人，河南尹李膺便是其一。有一天，只有10岁的孔融竟然自己一个人前去拜访著名士人李膺。到了李膺家门口，看门人一看来的是个孩子，便不予理睬。之前李膺交代过，除非是当世名人或者一直有亲故往来的旧朋友，否则一概不见。孔融便说："我是你家的亲戚。"门人只好通报给李膺。李膺一看来的是个孩子，便问："高明祖父尝与仆有恩旧乎？"您的祖父跟我有过交往吗？少年孔融的回答让人称奇，他说："先君孔子与君先人李老君同德比义，而相师友，则融与君累世通家。"孔融的先人是孔子，李膺的先人是老子，名李耳，孔子曾在当时的都城洛邑向老子求教学问，自然是亦师亦友，孔融的说法没有问题。一座皆惊。这一天，恰好也有不少人在场，太中大夫（中低级闲散职务）陈炜恰好赶到，听到孔融的话，不无讽刺地说："夫人小而聪了，大未必奇。"小时候太过聪明，长大了往往不一定成才。孔融听到，应声说："观君所言，将不早惠乎？"听您的话，想必您小时候也是早熟吧。

二、身担道义

孔融13岁即年，父亲去世了，在处理父亲丧事的过程中，孔融受到了乡里的交相称赞，获得了孝顺的名声。这在当时是一个人能够走出本地、获得更多人认可的基础条件。

在孔融生活的时代，皇宫里的宦官与社会上的士人之间形成了两个不同的利益集团，双方的矛盾越来越尖锐。宦官集团将士人集团称为"党人”，并列出了关键人物的名单，要求各地官府搜捕这些人。张俭是当时士人的重要首领，与孔融的哥哥有过交往，便在一路逃亡的过程中，投奔孔融家。张俭到孔融家时，他哥哥正好不在，而这一年孔融只有16岁。张俭面露难色，孔融便对他说：“难道我哥哥在外，我便不能做这个主吗？”他便留张俭住下。孔融虽然只有16岁，但是也很清楚这一留宿，绝不仅仅是简单的留宿，而是要承担连带的责任。

果然，孔融家里留宿张俭的事情被人告发，张俭在朋友们的帮助下得以逃走，但是孔融一家却要承担连带责任。地方官逮捕了孔融和他的哥哥，但是不知道该处理谁。孔融说：“留宿张俭，窝藏罪犯的，是我孔融，该判我死罪。”孔融的哥哥说：“张俭是来找我的，不是我弟弟的责任，这是我的罪责。”负责此事的官员到孔融家向孔融的母亲询问事情缘由，孔融母亲说：“家庭内部的事情，长辈应该承担责任，这是我的责任，应该判我死罪。”

一门争死。地方官不知道该如何处理，只好上奏此事，上级判处孔融的哥哥死罪。不过，各地的人都知道了少年孔融的壮举，有人举荐孔融做官，孔融一直没有同意。

后来，孔融前往司徒杨赐府中做事，成为司徒掾属。孔融表现出了对宦官疾恶如仇的士人本色，弹劾了一批宦官及其亲族，但负责执行的尚书机构不敢执行，便把孔融找来。孔融当着众人的面，与尚书们辩论利害，揭露宦官的罪恶。

一次，外戚何进从河南尹升任大将军。杨赐派孔融带着他本人的名帖前去祝贺，由于何进门人的疏忽，没有及时通报，孔融一气之下，从门人手中夺去名帖，径自回府引罪。河南尹的一些属官感到这是一种耻辱，便私下收买剑客，要刺杀孔融。有人知道了此事，告诉何进说：“孔融名声在外，如果全国都知道河南尹竟然派人刺杀孔融，怕是没有人再敢来为您做事了，将来您的大将军一职也不好做，不如借着这件事优待孔融，这样天下之人便都知道大将军的美名了。”何进认为有道理，便征召孔融到大将军府工作，并推荐孔融担任御史。但是孔融在工作中与宦官矛盾很多，便托病回家，主动选择辞职。

在孔融的身上，那种以一身担道义的时代使命感比中庸行事的谨慎感更加突出。

三、坚守理想

孔融的一生，始终坚守着儒家对于国家、对于社会的理想，宁死不屈。国家政治日益混乱，董卓擅自废帝，改立新皇，引起地方不满，东部广大地区联合起来反对董卓。最初，孔融在董卓主持的朝廷任职，但是他屡次与董卓产生矛盾，遭到降级处理，之后，孔融仍多次提出反对董卓的看法，但是考虑到孔融在全国有很大的影响，董卓为了远离孔融这个烫手山芋，便建议朝廷将他派往当时最混乱的北海任职。

对此，孔融并没有感到任何不满，他来到北海，集合尚未逃离的居民，联合起来加紧军事训练，准备对付流寇的抢掠。不久，从冀州过来的20万流寇意图洗劫北海，孔融率领本地军民全力抵抗，但是寡不敌众。孔融没有气馁，在流寇离开之后，他集合剩余的4万多百姓，重新建设城池，开办学校，提倡学习儒家经典，推举表彰其中的贤良之人。一切都按照他所认为的治理举措来进行。但是现实十分残酷，流寇不断侵袭，孔融一度被包围在一个县城中。无奈之下，他只好请人向驻扎在附近的刘备求救。刘备久闻孔融之名，接到救援的消息，不禁惊叹，对人说："孔北海乃复知天下有刘备邪？"随即派出三千兵马，帮助孔融驱走流寇。

当时，袁绍和曹操两雄并立，各地纷纷依附于其中一方，以免除被袁、曹侵袭的危险，但是孔融知道这两人并不忠于汉室，所以始终没有投靠任何一方，而是一直在困难的环境下坚守自己的理想。

孔融前后在北海工作了六年，后来被袁绍长子袁谭侵袭，在半年多的时间里，孔融仅依靠几百名战士苦苦坚持，《后汉书》记载："流矢雨集，戈矛内接。融隐几读书，谈笑自若。"终于，在一天夜里，城池被袁谭攻破，孔融的妻子和孩子都被掳走。

在汉献帝最终定都许昌之后，孔融接受朝廷的征召，担任将作大匠、少府，成为九卿之一，但是这时候的三公九卿已经没有具体职权，而只是作为一种荣誉性质的职位存在，偶尔参与朝廷政务讨论，不参与具体事务，也不参与决策。

尽管这样，在少府的位置上，孔融多次在政务讨论中坚持原则，坚持从儒家思想出发，议论朝廷政务。

孔融卸职少府后，曾改任太中大夫这一闲职。这一时期家中终日宾客满门，他感叹说："座上客恒满，樽中酒不空，吾无忧矣。"

孔融的性格光明豁达，当着人的面总是说人的不好，但是在背后说的都是人的好。他看到别人的善言，高兴得就像是自己说的一样，只要对方的话稍有可取之处，自己便帮助对方扩大其善。正因为此，他也经常推荐贤能之人，但是被推荐的人经常不知道是受到孔融的推荐才获得职位。正因为此，海内英俊都佩服孔融的人品，喜欢与孔融结交，以认识孔融为荣。

此时的朝廷，事实上把持在曹操手中，虽然多方士人也都在此任职，但是军事、财务、人事等最重要的权力都以曹操为核心。恰如此前孔融与董卓之间产生矛盾一样，孔融坚持理想的性格和行事风格也一步步惹怒了曹操。

在官渡之战胜利后，曹操率兵进入冀州，攻占袁绍所在的政治核心邺城。战后，曹操的儿子曹丕私下霸占了袁绍儿子袁熙的夫人甄氏。在了解到这些情况后，孔融给曹操写了一封信，说“武王伐纣，以妲己赐周公”。说武王伐纣之后，曾经把商纣王的妃子妲己赐给功劳最大的周公。曹操不明白孔融的信是什么意思，但是碍于孔融的名声和学问，又不好说什么，只好谦虚地问孔融这句话的出处是哪里。谁知孔融竟然说：“以今度之，想当然耳。”明显是在暗讽曹操一家的做法。

又有一次，曹操率军远征乌桓，孔融再次嘲讽曹操的做法，认为远征塞外劳师费财，还引用古人的话来做证据。实际上，远征乌桓是通过一次较大的军事行动一劳永逸地解决北方边患问题，对于国家政局稳定具有重要意义，所以，孔融再次引起了曹操的不满。

作为文人，孔融对于曹操禁酒的行为也是嗤之以鼻。但是在那个年代，终年有军事行动，大量劳动力都在战场上，农业生产萧条，全社会总体粮食不足，无力支持酿酒业的存在，把过多粮食用来酿酒必然压缩人们的粮食供给，甚至会导致人口减少。

曹操与孔融两人逐渐相互看不上，而且越看对方越不顺眼。孔融觉得曹操对汉室心怀不轨，所以处处讽刺。曹操逐渐发现孔融的言论已经大大超出其职权的范围，只是考虑到孔融名气较大，他表面上仍旧表现出尊重和宽容。有一次，曹操忍无可忍，写了一封信给孔融，信中说：

> 往闻二君有执法之平，以为小介，当收旧好；而怨毒渐积，志相危害，闻之怃然，中夜而起。昔国家东迁，文举盛叹鸿豫名实相副，综达经学，出于郑玄，又明《司马法》，鸿豫亦称文举奇逸博闻，诚怪今者与始相违。孤与文举既非旧好，又与鸿豫亦无恩纪，然愿人之相美，不乐人之相伤，是以区区思协欢好。

孔融接到信后，很谦虚地回了信，表示“虽懿伯之忌，犹不得念，况恃旧交，而欲自外于贤吏哉！辄布腹心，修好如初。苦言至意，终身诵之”。

这封信并没有救下孔融，曹操对孔融的怨恨还是不断加深。最后，曹操私下请人上书罗列了孔融的罪状。比如，孔融当年在北海时，看到国家政权不稳定，便随意集合流民，这是要谋反的证据。比如，孔融曾与孙权派来的使者交流，并且批评朝廷。他在担任少府期间，不按照朝中仪轨穿衣。再比如，孔融私下与人交流，说过一些否定人伦的话语，“父之于子，当有何亲？论其本意，实为情欲发耳。子之于母，亦复奚为？譬如寄物缶中，出则离矣”。

根据这些所谓的罪证，孔融最终被判处“大逆不道，宜极重诛”。这一年，孔融56岁，他的妻子和孩子也都被判处死刑。

孔融受刑的时候，两个孩子，儿子9岁，女儿7岁，年幼的孩子本来可以免于死刑。官府前来逮捕孔融，两个孩子正在下棋，两人都稳坐而不动，旁人说，你们的父亲被抓了，你们却连动都不动，为什么这样？两人回答说："安有巢毁而卵不破乎！"他们知道，这样的局面，两人也必然不可久活了。这些话传到曹操的耳朵里，曹操觉得孔融的孩子也是巨大的隐患，便下令连两个孩子一起杀掉。官府到来的时候，7岁的妹妹对哥哥说："若死者有知，得见父母，岂非至愿！"两个未满10岁的孩子慷慨就义，始终神色不变。四方民众看到这样的情景，莫不为之伤怀。

《后汉书》是这样评价孔融的："昔谏大夫郑昌有言：'山有猛兽者，藜藿为之不采。'是以孔父正色，不容弑虐之谋；平仲立朝，有纾盗齐之望。若夫文举之高志直情，其足以动义慨而忤雄心。故使移鼎之迹，事隔于人存；代终之规，启机于身后也。夫严气正性，覆折而已。岂有员园委屈，可以每其生哉！懔懔焉，皓皓焉，其与琨玉秋霜比质可也。"如果一座山有猛兽，那么人们也不敢去这座山上打柴了。所以孔父正色立朝，没有人过而致难于其君。晏平仲在朝中，田成子不敢弑齐君而盗其国。至于孔文举的高洁志行与坦率情怀，它完全可以鼓动义气而抵触奸雄之心。所以曹操在世，不敢篡汉，代汉而兴的却是曹丕。严气正性，不过倾覆摧折而已。必然需要有人不再委曲求全以贪生。严严整整，明光洁白，孔融的品质可与白玉秋霜相比。

第七章

清音入道，藻采壮丽：孔尚任与孔氏家族的文艺气质

孔子家族的家风大多可以在孔子身上找到些许影子。孔子积极豁达的性格，对经典的尊重，对国家社会的热爱和积极奉献，这些性格气质和精神品格一直影响着整个孔氏家族。孔子对艺术的追求，也影响了孔氏后人的文艺气质。在孔子去世后的两千多年里，其后代出现了无数个诗人、艺术家，其中生活在清初的孔尚任便是其中的典型代表。作为艺术创作者的孔尚任只是孔子后代中的普通一员，也是整个社会大众中的普通一员，过着普通的生活，经历着一般人的情感世界，一生游走在积极做事与归隐故乡之间，为世俗的利益和荣誉所困惑，为国家与社会而矛盾。他的个人经历与人生感悟成为其作品的重要依托，数百年来为人传颂。

第一节 孔子的艺术追求与家族传承

孔子并非是一些人眼里迂腐、呆板的老学究，而是对于人生抱有崇高的理想，积极而豁达，阳光而自信，知识广博，杂学旁收，对艺术也有着天然热爱的人。

孔子所开创的教育活动本身就将艺术作为重要的组成部分，后人一直以“诗、书、礼、乐”来概括孔子的教育体系。孔子主持整理的《诗经》本身就代表了当时诗歌艺术的最高水准。

孔子对音乐则有更深刻的理解。《论语·泰伯》提到“兴于诗，立于礼，成于乐”。《论语·述而》说：“子在齐，闻《韶》，三月不知肉味，曰：‘不图为乐之至于斯也！’”《论语·八佾》说：“子谓《韶》：‘尽美矣，又尽善也。’谓《武》：‘尽美矣，未尽善也。’”从这些记载可以看到，孔子对音乐艺术的理解十分深刻，对于好的音乐如痴如醉。

孔子不只是欣赏音乐艺术，而且以此表达感情，表达社会礼节。

《礼记·檀弓》："孔子既祥，五日弹琴而不成声，十日而成笙歌。"

孔子学生中不乏懂音乐者。《孔丛子·记义》记载：

孔子昼息于室而鼓琴焉。

闵子自外闻之，以告曾子，曰："乡也，夫子之音清彻以和，沦入至道。今也更为幽沈之声，幽则利欲之所为发，沈则贪得之所为施。孔子何所感而若是乎？吾从子入而问焉。"

曾子曰："诺。"

二子入问夫子。

孔子曰："然，女言是也。吾有之，向见猫方取鼠，欲其得之，故为之音也。女二人者孰识诸？"

曾子对曰："是闵子。"

夫子曰："可与听音矣。"

《论语》中也提及一些艺术教育活动的片段。孔子的学生子路对音乐理解不深。《论语·先进》：

子曰："由之瑟，奚为于丘之门？"

门人不敬子路。

子曰："由也升堂矣，未入于室也。"

子路的音乐学得不好，受到孔子的批评，于是门人甚至变得不再尊敬子路了。不过孔子赶紧出面为子路做辩解。

在国家层面，《汉书·礼乐志》记载："大儒公孙弘、董仲舒等皆以为音中正雅，立之大乐。春秋乡射，作于学官，希阔不讲。故自公卿大夫观听者，但闻铿锵，不晓其意，而欲以风谕众庶，其道无由。"

当时的人们听到音乐，再也无法做出像孔子的学生那样的判断，再也无法读懂音乐中的感情，所以“但闻铿锵，不晓其意”，想要通过音乐艺术陶冶情操，改变人性，也变得困难起来。

由于孔府的社会地位特殊，日常接待、祭祀等仪式活动频繁。这些仪式活动本身离不开音乐，孔府的内部机构中一直设有司乐厅。司乐厅负责管理仪式活动的音乐器具，在平时则组织乐舞生开展排练活动。曲阜孔府的司乐厅管理人员虽然工资不由国家发放，但是从元代开始，就纳入国家官僚等级体系中，比如清代的司乐官为正七品，由衍圣公推荐，吏部批准后任命。

曲阜孔府中还有专业的戏班。在清初，孔府就已经发展出了两个戏班。在今天曲阜孔府中也可以看到专门的演出场所。在曲阜孔府内，走过孔府内宅的大门，是由前上房和东西两厢组成的四合院。院内以方砖铺成月台，面积约六百平方米。月台四角各有一个石鼓，直径六十厘米，这是为搭戏台时固定台柱专用的。以石鼓安放位置计算，所搭面积约一百五十平方米。戏台由优质木料经油漆彩绘而成，其主件有台板、台顶、台柱、池栏、屏风等，各件均留有榫卯，用时临时组装，不用时拆卸存放于戏房。

在孔氏家族的后代中，一直不乏诗人和艺术家。魏晋南北朝时期，孔氏家族的孔晔创作了《夏侯鬼语记》。元代的孔学诗创作了杂剧《东窗事犯》，以岳飞、秦桧为原型，寄托了当时人们对善恶果报的认知。在清代，孔尚任创作了《桃花扇》，与他人一起创作了《小忽雷》。与孔尚任同时期的孔传志也写过《软羊脂》《软邮筒》《软锟铻》等剧本，合称为“三软”。这些剧本流传至今，是中华文化中的珍宝。

第二节 归乡隐居的孔尚任

生活在清初的孔尚任是孔子第六十四代孙，是孔氏家族在艺术领域成就最高、对后世影响较大的人之一。尤其他历经多年，以半生的心血创作的剧本《桃花扇》一经问世，便经久不衰。几百年来，《桃花扇》被改编成黄梅戏、京剧、话剧等，以多样的方式影响着后来中国人的情感世界。

孔尚任一生都只是普通人，一直处在矛盾的思想世界中，并非大富大贵，也未曾担任高官，在当时一般读书人参加科举考试的道路上也十分不顺利。他为人正直，读书的天分甚高，一直希望有所作为，为国家社会做出贡献，但是所行却不够顺遂，只好乐琴书以消忧，这些经历都留有孔子生活的印记。

孔尚任出生在曲阜，不过他的祖上早已不是与衍圣公亲缘较近的支脉了，他只是一个普通的孔氏家族后代。孔尚任的祖父孔闻讷，字知敏，是孔子第六十二代孙。从孔闻讷的名字就可以看出他对孔子的尊重。闻与知、讷与敏都是《论语》中出现多次的重要概念。《论语·里仁》说："君子欲讷于言，而敏于行。"

孔尚任的父亲孔贞璠是生活在明末的一位举人。在明末的地方社会中，绝大部分举人都有属于自己的事业，很少有人赋闲在家，而孔贞璠则一直以需要奉养父母为由，没有出外做官，也没有像当时很多举人一样在书院教书。

孔贞璠祖上传下有大片土地，每年的租金收入不菲，属于当地经济条件优渥的富裕家庭。孔贞璠虽然是读书人，可是一直仰慕历史上朱家、郭解这样的游侠。明末，社会动乱，又遇上灾荒，孔贞璠作为地方乡绅，便挺身而出，组织附近百姓抵抗流寇的骚扰，保护一方安危。

孔尚任生于清顺治五年（1648）九月十七日，他是孔贞璠的第三个儿子。据后来编写的文献《兖州府志续编》记载，孩童时的孔尚任便表现出了很强的同情心。有一次，孔贞璠带孔尚任到邻居家做客，恰好遇到邻居家卖母猪。小猪仔们口中含着母猪的乳房不肯松口，母猪也不想离开，买猪的商人拿棍子打也没用。看到这一幕，孔尚任突然大声哭了起来，随即把自己手中正在吃的食物扔给了小猪仔们。虽然这段记载有夸张的成分，但是反映出孔尚任自幼便有怜悯之心。

孔贞璠也为儿子的举动所感染，后来便根据《论语·泰伯》中记载的"士不可以不弘毅，任重而道远。仁以为己任，不亦重乎"和韩愈《省试颜子不贰过论》中"知高坚之可尚，忘钻仰之为劳，任重道远，竟莫之致"的话，给孔尚任取名"尚任"，字季重。"季"为中国古代常用的兄弟排行用字，常用于表示最小的兄弟；“重”即为“任重道远”之指。

儿时的孔尚任一直在孔氏家族的族学中读书，当时称为四氏学，即政府专门为孔、孟、颜、曾（即孔子、孟子、颜回、曾子）四位先哲的后代开办的学校。四位先哲的后代均可以到这所学校就读。

四氏学在当时享有其他学校所无法比拟的特权。清代的科举考试分为几个等级，考生们先要参加童试，童试考中后称为秀才；之后再参加乡试，乡试考中后称为举人；举人再参加会试和殿试，考中后称为进士。秀才的名额固定分到各县级行政单位，每个县每次考试只有几人到十几人的名额，考中秀才意味着要在全县的考生中名列前茅，而一个县的考生经常有上千人，考中秀才对大多数人来说是十分困难的。

当时的四氏学作为一个单独的学校，每届童试享有单独录取名额二十多名。也就是说，一个学校自己拥有的秀才名额就相当于两个县级行政区。所以，在四氏学就读的先哲后代们，比其他地区的一般考生考中秀才的难度要低得多。在这种情况下，孔尚任不满20岁便考中了秀才。之后，他继续在四氏学学习，以准备参加乡试，像他的父亲一样，考取举人。

在此期间，孔尚任与四氏学的一位叫孔贞瑺的老师关系很好。孔贞瑺，号西园，在考中秀才后没有继续参加乡试，而是一直在四氏学教书。当时的科举考试竞争激烈，为了准备考试而要付出的时间和精力很多，既需要一个人的天赋，也需要能够长期忍受枯燥的写作练习。在乏味的考试写作练习之余，孔尚任有时会向老师孔贞瑺抱怨。有一次，他给老师写信说：“数日桎梏帖括，风流顿尽，西园松桂应作移文矣。”当时的读书人常把科举考试的写作练习称为“帖括”，是指这种文体为了考试评价的需要，而规定了种种限制，导致一个人无法完全自由发挥，就像是做填空题一样。孔尚任说，整日练习枯燥的科举写作，自己的文章失去了灵性，恐怕自己的老师遇到这种枯燥乏味的练习，也要写一篇“移文”，也就是公开宣言来表示不满了。

乡试每三年才举行一次，在这样沉闷的环境下，孔尚任参加了几次乡试，均告失败。在此期间，他娶了附近一位秦姓女子为妻。再后来，他的父亲去世了，三个兄弟开始分家而过，又遇到连续几年收成不好，家中的收入减少，自己科举的道路没有进步，却必须面对家道日衰的窘境。

康熙十七年（1678）九月十二日，孔尚任与几个好友一起游览了曲阜北门外的石门山。这是《论语·宪问》中曾经提及的一处地方。孔子的学生子路曾经到过此地，并在此留宿。

> 子路宿于石门。晨门曰：“奚自？”子路曰：“自孔氏。”曰：“是知其不可而为之者与？”

历代文人都喜欢到此地追寻先哲的脚步，访求历史的遗踪。孔尚任在游览了石门山之后，写下了几篇文章，以抒发一直以来为科举乡试所阻碍，无法舒展理想，也找不到生活方向的压抑之情。在《游石门山记》里，孔尚任写道：

> 石门山一拳石，具五岳之威仪，令游者目不给景，足不给目，直作五岳观，斯奇幻无伦矣。然去鲁城不半百，鲁人世无问津者，乃知渔人有言，人自厌听，桃源不在天上，何至迷旧路哉。
>
> 环中峰而北，入梧桐峪，峪口半亩桑麻，数家烟火，楚楚多致，问村人知是张氏隐居。张氏字叔明，竹溪之逸民，而鲁国之诸

生，子美因太白订交，两度来访，俱有诗。

孔尚任的文章，语言优美，情感真挚，远不是科举考试所需要的文章范式。实际上，在这次游览后不久，孔尚任便真搬到石门山，过起了专心读书的隐居生活。

不过，在当时的社会环境下，科举考试的功名，与每个人的身份地位有直接的关系。孔尚任来到此地隐居，主要是寻找一处安静的地方潜心练习科举写作，以提高水平，在乡试中有所作为。

康熙十八年（1679）三月，孔尚任前往京城，参加了这一年的博学鸿儒科考试。这是当时乡会试的考试体系之外的一种考试，主要针对当时在社会上文化名望较高，但是在乡会试的考试体系中屡试不中的人举行的。孔尚任与很多社会名流一起参加了考试，不过此时的他可能名气不够大，并未被录取。

在京城期间，在对功名的执念下，孔尚任变卖了家中的一些土地，通过纳捐的方式，获得了一个国子监生的身份。这一身份实际上并不被科举考试的主流体系所认可，只是得到一个虚名，并没有太大的作用。此时的孔尚任内心实际上十分矛盾，乃至自我否定，他写信给好友颜光敏说："弟近况支离可笑，尽典负郭田，纳一国子监生。倒行逆施，不足为外人道，然亦无可告语者。"

回到曲阜以后，孔尚任仍旧回到石门山居住。在练习科举写作的同时，他编写了一些自己感兴趣的书籍。比如《节俗同风录》，按照一年内时间的顺序，分十二卷记载当地的风土人情。这些内容可能是孔尚任感兴趣的方面，显示了他关心地方文化生活，并且也为地方文化习俗的整理和汇集做出了贡献。

随着时间的推移，孔尚任对参加科举的热情逐渐降低，而对通过个人的努力，创作出一些不同于当时流行文章的的想法越来越浓厚。后来，名垂青史的《桃花扇》正是在这样的生活背景下开始构思，并逐渐完成的。

孔尚任毕竟参加过博学鸿儒科的考试，这一考试全国才有一百多人参加，他的学问还是为人所认可的，也拥有一定的名声。孔尚任虽然隐居在石门山，但是不久之后，便因事出山了。

康熙二十一年（1682）秋，当时的衍圣公，也就是曲阜孔府中孔氏家族的嫡系传人孔毓圻的夫人去世，要举行丧礼。孔毓圻为此专门邀请孔尚任出面主持。衍圣公在当时拥有很高的社会地位，他的夫人张氏出身名门，父亲为当时朝廷从一品高官兵部尚书、都察院右副都御史。衍圣公夫人的丧礼，在一定意义上也是与整个国家文化紧密关联的重要活动，规模宏大，仪式复杂，参加的人数众多，主持丧礼既需要很好的组织能力，也需要丰富的传统文化常识。

丧礼结束后，孔尚任并没有回到石门山隐居，而是花费很长时间，主持了族谱修订和《阙里志》的增编工作。

孔氏家族在汉代时期人丁不旺，到了唐代，家族人口逐渐增多。在唐末遭遇了“孔末之乱”后，通过修族谱的形式明晰家族人员结构和延续情况成为有效的途径。所以，宋代中期，孔氏家族就开始编写族谱，之后逐渐形成“三十年一小修，六十年一大修”的做法。到了清初，孔氏家族的人口迅速增加，族谱也第一次结束了单纯依靠抄写的做法，制作了刻板，以便于印刷和发放。孔尚任参与主持的族谱底本为清代顺治十一年的版本。

修订族谱是古代家族活动的最重要内容之一，是增进家族凝聚力，提升家族文化传承能力和影响力的重要载体，不过修订族谱是十分烦琐的工作。毕竟，此时大部分孔氏家族的后代都不是生活在曲阜，而是四散在全国各地，形成无数个大大小小的支脉。这些各地孔氏家族的支脉中，难免因为受到物质条件的限制，或者遭遇灾荒战乱等情况，而将本支脉家族资料遗失，出现传承混乱的情况。在信息传播不便，人员往来成本巨大的时代，要想把几十年来孔氏家族后代的各个支脉人员的传承情况，以及每个人的姓名、字号、辈分、生卒、居住地、生平等基本信息逐一考订清晰，是何其困难，需要花费无数心血。

孔尚任经过两年的努力，终于完成了《康熙癸亥重修孔子世家谱》，成为近一千年来孔氏家族族谱修订与传承的重要一环。

在族谱修订结束之后，孔尚任又主持了《阙里志》的编写。《阙里志》在明代就已经开始编写，主要记录孔府、孔庙、孔林的有关历史人文典故和规章制度，后来不断增订。孔尚任在前人所编的《阙里志》的基础上，进行了仔细修订和增补。

第三节 孔尚任再登仕途

康熙二十三年（1684），孔尚任37岁，他完成了孔府衍圣公交办的一系列事务后，准备再回到石门山隐居。不过，出世做事容易，要想脱离世事选择隐居，却总是有这样或那样的牵连。这一年十一月，康熙皇帝南巡北返，按照行程会路过曲阜，他提出要到曲阜祭孔，并且提出希望在孔氏家族的后代中选出两名在经学上造诣匪浅的优秀后代，在祭孔之后举行一个讲经活动，康熙皇帝要亲自聆听，以显示对孔子和儒家思想的尊崇。面向康熙皇帝的讲经活动，与其说是一次教学或者探讨，不如说是一次仪式活动，其人员的选择与讲经的内容也是十分重要的。

鉴于几年来孔尚任在孔府各项家族文化活动中的优异表现，衍圣公孔毓圻推荐了监生孔尚任和举人孔尚粒两人作为讲经人。孔尚粒与孔尚任是同族兄弟，小时候两个人住得不远，虽然不是亲兄弟，可是一直生活在一起。他们一起玩耍，一起上学，一起考中秀才，是从小玩到大的伙伴。孔尚粒考中了举人，学问甚至比孔尚任还要好。孔尚任在历年参与主持孔氏家族的各项活动中，对孔氏家族的礼乐制度更加熟悉，也是当时生活在曲阜的孔氏家族后代中的佼佼者。

十一月十八日，康熙皇帝到达曲阜，他亲自带领百官，在孔庙举行祭祀活动，对孔子行“三跪九叩”的大礼，这是自孔子去世之后两千年来绝无仅有的事情。祭祀活动结束后，康熙皇帝与百官一起听孔尚任讲解《大学》的首章和孔尚粒讲解《周易·系辞》。孔尚任讲解结束后，看到“天颜悦霁，顾侍臣曰：‘经筵讲官不及也。’”说孔尚任比朝廷中讲经的人讲得还好。

其实，孔尚任在此之前就已经把讲稿写好，并且给相关的人员看过，甚至康熙皇帝本人也在祭祀活动之前看过，而且还为他的讲稿提了一些修改意见。这是孔尚任第一次在这么短的时间里连续与朝廷多个高官见面，包括山东巡抚、翰林院掌院学士这样位居国家权力高层的人，都热心地帮助他修改讲稿，这使他深受感动。

孔尚任在讲经结束后，陪同康熙皇帝游览孔林，他一时高兴，甚至大胆地向康熙皇帝提出孔氏家族建设的一些建议，比如将附近泉水引入孔庙、进一步扩大孔林的面积等。这些建议均得到康熙皇帝的认可。随后，正式的诏书下达，“孔尚任等，陈书讲说，克副朕衷，著不拘定例，额外议用”。也就是说，孔尚任参与这次讲经受到了朝廷的认可，本来以国子监生的身份是不可能获得做官的机会的，这次经皇帝特殊允许，便可以开始做官了。

第二年，也就是康熙二十四年（1685），这一年孔尚任38岁，他离开曲阜，来到京城，担任从八品国子监博士，之后调任治河使臣。经过10年的努力，他终于升任从六品户部主事、宝泉局监铸，之后又短暂升任从五品广东司员外郎，并在仓促中忽然结束了宦海生涯。在京城将近20年的人生历程中，他大部分在普通的官职上度过。

最初来到京城，孔尚任是十分高兴的，毕竟，虽然他的官职十分卑微，但却是经过康熙皇帝亲自恩准而做官的。

孔尚任在担任国子监博士期间，恰逢衍圣公孔毓圻进京接受康熙皇帝接见。这一次，孔尚任又陪同孔毓圻一起见到了康熙皇帝。高兴的孔尚任写下诗歌：

骑马过燕市，萧然世外情。
殷勤劳帝简，仿佛记臣名。
教胄官原美，分帑职又清。
草茅逢胜事，归说有余荣。

国子监博士是教育官员，级别不高，收入也不多，但是孔尚任在最初的时间里做得津津有味。

孔尚任担任国子监博士一职一共一年多时间，此后，他开始担任当时工部侍郎孙在丰的属官，追随孙在丰参与黄河治理。孔尚任结识孙在丰也是在康熙皇帝路过曲阜祭孔时，当时的孙在丰是正三品翰林院掌院学士，曾经帮助孔尚任修改讲给康熙皇帝的讲稿。孔尚任来到京城以后，孙在丰已经升任正二品工部侍郎，河道治理正是工部所辖的事务。

孙在丰在曲阜认识孔尚任时，就感受到其才识广博，此次便邀请孔尚任帮助其参与黄河治理工作。明末清初，因为连年战乱，黄河河道疏于整治，常常泛滥，给下游沿岸居民带来重大的损害。朝廷下决心治理黄河，康熙皇帝亲自委派孙在丰督修黄河。孔尚任认为这是有利于国民的重要事务，可能远比在国子监单纯读书更有意义，便追随孙在丰离开京城，前往扬州，参与黄河治理。当时的黄河是借今天的淮河入海，所以河署设在扬州。

孔尚任极为热心，也极为用心地参与黄河治理，兢兢业业、全力以赴。康熙二十五年（1686）八月，孔尚任开始参与工作，到这一年的年底，在四个月的时间里，他几十次往来于大河、长淮、秦邮、邗沟各地，可以说以工地为家，经常住在治河的施工现场，“鞍马何曾经柳影，枕衾大半近芦花”。但是受制于种种因素，此次治河工程历时不短，却收效甚微。

康熙二十七年（1688）三月，孙在丰不再参与治河工作，回到京城，而孔尚任则继续在那里待到康熙二十八年（1689）七月，河署解散，孔尚任也离开此处，返回京城。在此期间，孔尚任目睹了普通百姓生活的艰难，也认识了不少怀念明朝的人士。在参与的治河工作因受到外部因素限制而进展不顺利时，孔尚任便抽出精力，埋头于《桃花扇》有关资料的搜集、寻访和写作中。几年下来，治河工作虽未取得实效，他的《桃花扇》写作却步入正轨。

离开扬州以后，孔尚任游览了当时的金陵，并停留了很长时间。他四处寻访，与人交流，请人帮忙修改《桃花扇》的内容。直到康熙二十九年（1690）二月，他才回到京城，继续担任从八品国子监博士。随着时间的推移，孔尚任意识到，几年来，他所参与的事情并没有实质性的社会意义。国子监在当时已经不是最核心的教育机构，优秀的学生大多在各类书院读书，在国子监的人大多为纳捐所得，他们并不专心读书，国子监最重要的工作只是参与一些象征性、仪式性的活动。国子监博士这一职位的收入也很少，几乎不能糊口，他的生活日渐贫困。

在种种因素影响下，孔尚任对于这些仪式性活动渐渐已经没有了当初的兴趣。康熙三十二年（1693）十月，曲阜孔庙重修竣工。康熙皇帝派出两个皇子前往曲阜祭祀孔子，孔尚任随行，但是对于这次祭孔活动，孔尚任已经有些无动于衷了。

在担任了国子监博士10年之后，孔尚任终于升任正六品户部福建清吏司主事。户部是清代主管财政事务的部门，针对每个省都设立了专门的司，以对接各省的财税征收和使用工作。郎中为各司主要领导，员外郎为副职务，主事为负责具体工作的官员。

康熙三十四年（1695）春，户部保送孔尚任兼任宝泉局监督之职。宝泉局俗称户部局，是清代钱币制造机关，终日与钱币打交道，宝泉局监督负责管理钱币制造的事务，在当时一些人眼里是一个有油水可捞的职务。

在这种情况下，本来门可罗雀的孔尚任之家忽然宾客盈门，大部分人都是来借钱的。孔尚任说，这一职务“免累可矣，寒如故也。泛交者不知，多来称贷”。实际上，孔尚任一贯贫寒，也能适应这样的生活。他即使担任了在一些人眼里似乎是有油水可捞的职务，却并未改变初心。正如《论语》中所说：“不义而富且贵，于我如浮云。”孔尚任在宝泉局监督任上克勤奉公，工作二年后，受到朝廷表彰，被朝廷授予“承德郎”的荣誉称号。这份褒奖诏书至今仍保存在曲阜孔府，原文如下：

足国赡民，庶政重度支之寄；分猷亮采，诸曹需主计之贤。尔户部福建清吏司主事孔尚任，经画多才，恪勤奉职。出纳裕公私之职，权衡佐军国之需。劳绩有成，新纶宜沛。兹以覃恩，授尔为承德郎，锡之敕命。于戏，酌盈即以剂虚，当今生财之道；益上常虞损下，勉惟制用之规。

康熙三十六年七月十九日。

这是当时对这一级别事务官员给予荣誉奖励所使用的通行模板，与今天“奖状”上的模板实际上没有太大的本质区别。

康熙三十九年（1700）三月，孔尚任升任从五品户部广东司员外郎，进入中级官员行列。这时候，孔尚任也完成了《桃花扇》的写作，这部流传后世的戏剧作品一经问世便引起了广泛关注，在京城的剧场中被迅速排练出来，开始公开演出。孔尚任在《桃花扇本末》中说：“王公荐绅，莫不借钞，时有纸贵之誉。”从当时孔尚任写给朋友们的诗中可以看到，这部剧本的成功使孔尚任忘记了10多年来的忧愁和烦恼。

不过，接下来等待孔尚任的却是一个坏消息，他被无缘无故罢免了尚未熟悉的户部员外郎的职务。本来孔尚任已经是朝廷正式官员，并且已经告别具体办事员的身份，却突然下岗了。后世认为这是因为《桃花扇》出现了一些对清廷不利的内容。孔尚任只好安慰自己，家中的母亲年事已高，需要奉养，而多年来他本身就一直在隐居与做官之间、出世与入世之间犹豫徘徊，做官的收入并不高，反而终日为琐碎的杂事所累，而隐居山林，单纯专心地经营祖上留下的田产，也足以维持生活。

被免官后的孔尚任实际上一直十分矛盾，他并没有直接回到曲阜，而是在京城居住停留了几年，毕竟他的《桃花扇》刚刚引起社会关注，同时，他也想了解被免官的缘由。可是他毕竟只是一个普通人，尤其他并非是科举正途出身，连举人都不是。当时的官场上，一个人与另一个人的关系主要就是以科举考试所形成的同学、师生关系为主，他没有同学和老师，所以也无处打探消息。

康熙四十一年（1702），55岁的孔尚任告别京城回到曲阜生活。晚年的他，一直在曲阜度过，只是偶尔外出，大部分时间以读书作文为乐。实际上，按照当时的标准，孔尚任一生过得并不成功，晚年虽然过得算是清净，但是并不高兴。康熙五十七年（1718）正月，孔尚任在曲阜去世，享年71岁。

第四节 《桃花扇》的内容与精神

孔尚任之所以在《桃花扇》公开之时便被罢了官，可能正是因为这个剧本提到了一些明清换代之际的敏感问题。在清代文字狱尚未十分严重的时候，孔尚任便受到了影响。

《桃花扇》写的是明代末年发生在当时南京的一个爱情故事，不过作者主要是通过爱情故事来表达家国一体的现实情怀，也通过剧本描述社会现实问题，反映复杂的社会面貌和人性。

明崇祯末年，国家社会危机日益严重，当时“明末四公子”之一的侯方域到南京参加乡试，没有考中，考试发榜后他没有回故乡，仍旧留在南京。他的朋友杨龙给他介绍了一位名叫李香君的女子，两个人情好日密。侯方域赠送了一把扇子给李香君作为定情之物。这把扇子正是剧本《桃花扇》名称的由来。

当时，朝政混乱，魏忠贤把持朝廷，以东林党为代表的士人群体受到排挤。魏忠贤一派的阮大铖正好在南京，他听说侯方域将要结婚的消息，知道侯方域经济困难，便出资置办了嫁妆，托杨龙转交给李香君。不想却被李香君拒绝，阮大铖碰了一鼻子灰。

不久之后，京城沦陷，崇祯皇帝自杀。南方一些拥护明朝的人组成新的政府，拥护福王登基，成立南明朝廷。这个小朝廷仍旧被魏忠贤一派的阮大铖所把持，东林党人仍旧受到排挤，引起南方抵抗势力的强烈不满。驻防武昌的左良玉甚至派兵攻打南京的小朝廷。为了维护南明内部的团结，侯方域向左良玉写信劝阻，阮大铖却诬陷侯方域里通叛军，侯方域只好离开朝廷，投奔在外作战的史可法。

阮大铖怀恨在心，便逼迫留在南京的李香君嫁给她并不喜欢的田仰，李香君以死抵抗，鲜血染红了之前侯方域送给她的扇子。杨龙将扇子上的鲜血做了点染，变成了红色的桃花，这就是《桃花扇》之所以称为“桃花扇”的缘由。后来，李香君被选入宫中，成为戏子。身在外地的侯方域听闻此事，赶到南京，连李香君的面都没见到，便被捕入狱。

待到清兵入主南京，侯方域出狱，到栖霞山逃难，在白云庵相遇李香君。最后，两人都选择了出家。

《桃花扇》与当时中国一般故事最后都以大团圆为结局有所不同，这种以遗憾为结尾的故事，给人留下了深刻的回味。应该说，孔尚任一生在每个重要的阶段都遭遇了麻烦：读书无法实现考取功名的理想；为官参与治河，却未取得功效；刚刚升任六品官员，就被罢免。这种人生境遇对他的戏剧创作也产生了影响。

人生的不如意，处处都在，文艺作品可能是要通过一种理想化的生活内容的呈现来弥合这种不如意，但是过于理想化的生活很难引起人的情感共鸣，而能够体现生活本来面目的作品才更能引起人们的共鸣。

第八章

扈跸迁衢，避居岭南：播迁的孔氏家族

孔子后人以山东曲阜为中心发展壮大，如今已经遍布全国各地，乃至全球各地。在历史上，孔氏家族向各地迁居的过程，既有某些后代因为到各地做官便在当地定居下来，也有某些后代因为战乱不得不放弃故土的生活，迁居到他乡。不管出于什么原因而迁居各处，家族后代都时刻以作为孔子的后代为荣，也不断践行和丰富着祖先留下的家风。

第一节 孔氏南宗的发展

孔端友（1078—1132），字子交，孔若蒙长子，孔子第四十八代孙，精通“四书”，尤工书画。绍圣二年（1095），孔若蒙监修祖庙，18岁的孔端友为祖庙摹勒晋顾恺之的“夫子小影”，至今仍保存在曲阜孔庙圣迹殿中。崇宁三年（1104）十二月，孔端友袭封衍圣公。

孔端友被封为衍圣公后，勤于孔庙的祭祀和圣府的内部事务，政和五年（1115），朝廷授孔端友“至圣文宣王庙祀朱印”。

靖康二年（1127），金灭北宋。康王赵构即位，改元建炎，是为南宋。建炎二年（1128）冬，宋高宗赵构在扬州行宫举行继统后首次祭天大典，衍圣公孔端友与从父孔传奉诏陪位。孔端友在从父孔传的支持下，命胞弟孔端操留守阙里林庙，负传家宝“孔子及亓官夫人楷木像”“唐吴道子绘孔子佩剑图”“至圣文宣王庙祀朱印”等，率近支族属南下扬州。建炎三年（1129），金兵剑指扬州，高宗南逃，孔端友率族人扈跸到达杭州。高宗深感孔氏高义，赐田宅于衢州。孔端友在衢州建宗庙，这一脉的孔子后代被称为“孔氏南宗”。此时，金朝则在曲阜立孔端操为衍圣公，孔子后裔南北宗分立。

孔端友曾经担任郴州知州，于绍兴二年（1132）去世，享年55岁。孔端友无子，他去世后，立随他南迁的孔端操四子孔玠（第四十九代）为嗣，继承孔端友的爵位，之后经历了孔搢（第五十代）、孔文远（第五十一代）、孔万春（第五十二代），直到孔洙（第五十三代）。此时已经是元代，国家又恢复统一，孔洙将爵位让给当时生活在曲阜的孔氏家族后代，孔氏南宗失去爵位，不过孔氏家族的后代仍旧在南方地区向各处扩展。南宋以后，长江以南的孔氏家族形成了29个支派。

在孔端友南下时，有几个与他同辈的族弟一同南下，分别是孔端植、孔端隐、孔端躬、孔端朝，他们都曾在各地担任中低级官员，后来从浙江衢州到附近的地区居住，成为孔氏南宗独立的支派。

1.鄂州支

孔端植，字子固，曾经到通城（今属湖北省咸宁市）做官，后来便在这里定居，他的后代称为“鄂州支”。孔端植有五个儿子，其中两个儿子孔世琭、孔世璿（第四十九代）后来也各自形成了孔氏南宗的支派。

2.句容支

孔端隐，字子宣。《孔子世家谱》曾提及他在北宋灭亡时的言行：“徽、钦二帝陷于金营，当路者莫不逃窜。公独喟然曰：‘读圣贤书，所学何事？国家惨变，闻者寒心。凡稍知大义者，咸思仗剑以从王事。礼仪由贤者出，况吾孔氏子孙乎？’乃与族中义气激昂者数十人，俱至大元帅宗泽幕府，请自效。复招募豪杰，扈从高宗南渡。”靖康之变后，宋徽宗、宋钦宗父子两人都被掳走，宗泽受命担任京城留守，组织了大量抵抗活动。孔端隐年龄不大，也参加了宗泽组织的抵抗活动。孔端隐南下后，曾到当时的江陵府（今属湖北）做官，后来举家迁往长江下游的句容（今属江苏）居住，他有两个儿子，他们的后代称为“句容支”。

3.永康支

孔端躬，在南下之前，曾考中进士，后来在大理寺做官。当时的大理寺大概相当于现在最高法院的功能，孔端躬做官清白，处事公正，“吏畏其威，人怀其惠”。南下之后，他曾经在杭州做官，后来路过婺州永康（今属浙江金华），看到这里“山高水长，泉香土沃，弃华衮之荣而优游自乐，屋于钟山之下而居焉”。孔端躬一直在永康乡下居住，过着隐居的生活。他有五个儿子，他们的后代称为“永康支”。

4.徽州支

孔端朝，到衢州后不久，便于建炎三年八月到徽州黟县（今属安徽）担任县令，之后便生活在徽州，他的后人称为“徽州支”。孔端朝来到南方之后，一直携带着祖上的重要遗物。他在徽州做官期间，作乱的军队一度占领了黟县，孔端朝在仓促中跟随他人到附近的山中避乱，丢失了这些遗物，以前朝廷下发的证书、祖先留下的书信等都丢失了。不过，有一本《孔氏宗谱》被人捡到后交还给了孔端朝，他为了保存这本失而复得的族谱，特地出资请人做了刻板，印刷成册，以维持宗族世系传承。

5.兴国一支

孔世璿，字士评，曾考中进士，后来一直在兴国做官。很巧的是，兴国城南有一处山峰名为孔子岭，孔世璿备感亲切，便在这里定居，他的后代称为“兴国一支”。

6.镇江支

孔世璿，字仲玉，曾在杭州做官，后来迁居镇江，他的后代称为“镇江支”。

7.新城支

孔世辑，孔端隐之子，从江苏句容迁居到江西新城居住，后来在这里定居，称为“新城支”。

8.吴兴支

孔世璃（第四十九代），字纯老，曾在和州（今属安徽马鞍山）担任知州，后来迁居到太湖沿岸的湖州，因为住在吴兴，所以称为“吴兴支”。

9.高田支

孔子烨（第五十代），从浙江南部迁居到秀州（今属浙江嘉兴）清风乡高田村，所以后代称为“高田支”。

10.兴国二支

孔世润（第五十三代），字世宗，生活在元代，曾到湖广（今湖北、湖南）担任地方教育官员儒学提举，后来迁居江西兴国，跟孔世璿的后代形成的兴国支是两支，各自分别编订族谱。

11.长水支

孔世梁（第五十四代）举家迁居到嘉兴长水一带，后代称为“长水支”。

12.南浔支

孔克安（第五十五代），字诚夫，因为他的父亲孔思俊埋葬在湖州，他便从衢州迁居到湖州，从此在南浔定居下来，后代称为“南浔支”。

13.唐桥支

孔世勳（第五十五代），父亲孔思构曾在吴江（今属江苏苏州）做官，孔世勳娶了吴江唐桥乡盛世家族的女儿为妻，后来便在这里生活，后代称为“唐桥支”。

到此时，孔氏南宗已经将爵位让给生活在曲阜的孔氏家族后代了，生活在长江下游一带的孔氏后人，形成了其他很多支派，直到明代，孔端友及其兄弟的后代已经遍及江苏、浙江、安徽、湖北、湖南等地。

明弘治十八年（1505），此时生活在衢州的孔氏家族后代已经是孔洙（第五十三代）的六世孙，也就是孔氏家族的第五十九代孔彦绳，距离南北宗的分裂已经过去很久。南宗的孔氏家族虽然不再有爵位，但是仍旧坚守着对孔子的祭祀活动和家族传承，于是衢州知府向朝廷请求，希望能够给曾经的孔氏南宗一定的荣誉和地位。第二年，朝廷将“世袭翰林五经博士”的头衔正式授予生活在衢州的孔氏家族后代。从此之后，衢州的孔氏南宗便以此身份主持家族祭祀活动。

第二节 岭南的孔氏家族

唐代的孔颖达是孔子第三十二代孙，生活在唐初的冀州衡水县，孔颖达有三子，分别是孔志玄、孔志约、孔志亮。孔志亮孙孔务本曾为沧州东光县令。《新唐书·宰相世系表》是这样记录的：“曲阜宪公颖达族孙务本，自孔子至是三十五世。”

孔务本之子孔如珪，孔子第三十六代孙，曾在海州（今连云港）做官。

孔如珪之子孔岑父，孔子第三十七代孙。

孔岑父之子孔戣（第三十八代）生活在当时的冀州信都县。信都县即今河北省衡水市冀州县，在唐代，冀州下辖几个县，其中有信都、衡水等。

唐代中期的元和十二年（817），孔戣出任广州刺史兼岭南节度使，在广州做官三年。这几年，著名文学家韩愈也在广东潮州做官，而且是孔戣的下属。任期结束后，孔戣于元和十五年（820）升任吏部侍郎，回到京城。长庆四年（824），孔戣在冀州信都老家去世，享年74岁。

有的文献中说孔戣在广州官任上去世，所以他的子孙便从此定居在了广州，实际上这些是错误的记录。孔戣只在广州生活了三年，便回到了北方。这在作为正史的《新唐书》中有明确的记载。另外，韩愈曾经与孔戣同期在岭南做官，孔戣去世后，韩愈还曾专门写过《唐正议大夫尚书左丞孔公（戣）墓志铭》，也提及孔戣在北方的家中去世。韩愈在墓志铭中还提到，孔戣在73岁这一年，因为身体衰老，向朝廷申请退休，韩愈还为此感到遗憾，特地向朝廷写了一封奏折说："臣与孔戣同在南省，数与相见。戣为人守节清苦，论议正平。年七十，筋力耳目，未觉衰老，忧国忘家，用意至到。如戣辈，在朝不过三数人，陛下不宜苟顺其求，不留自助也。"

孔戣是孔氏家族第一个到岭南生活的人。他有四个儿子，分别是孔温质、孔温孺、孔温宪、孔温裕。

到了第四十代，世系情况是这样的：孔温质之子为孔绚、孔纶，孔温孺之子为孔维、孔绛、孔缄，孔温宪之子为孔绎、孔纯，孔温裕之子为孔纾、孔续。

在这些人中，与岭南有关系的有两支，其一为孔温宪"南雄支"。孔温宪（第三十九代）生活的时期，是唐代末年，北方连年战乱，为了逃避战乱，孔温宪便来到岭南生活了一段时间，后来又到南岭北侧的江西生活。他的长子孔绎（第四十代）早早去世，孔纯（第四十代）及孔纯之子孔闰（第四十一代）可能在南雄短暂生活过一段时间，之后则一直跟随孔温宪在江西生活。

另一支为孔温孺（第三十九代）之子孔维（第四十代）“岭南支”。孔维之子孔昌弼（第四十一代）生活的时期，朝政混乱，权臣朱温甚至杀害了两任皇帝，最后终于称帝，成为五代梁的第一任皇帝。相比北方的混乱，那时候的南方相对稳定，在这种混乱时期，孔昌弼便跟随他人来到岭南定居，以逃避北方的战乱，并且再也没有回到北方。这是孔氏家族第一次有人到岭南定居，孔昌弼被岭南孔氏尊为始祖。

最初，孔昌弼从江西过大庾岭，进入广东，居住在南雄县。孔昌弼有三个儿子，分别是孔蘖、孔荃、孔葆（第四十二代）。孔昌弼在广州去世后，长子孔蘖认为应该按照孔氏家族的一贯做法，将父亲的灵柩送回北方祖坟埋葬，在他运送灵柩北还的过程中，走到大庾岭，因为兵荒马乱，这条路已经无法通行，于是只好把父亲埋葬于南雄县平林村。从此，孔氏家族在岭南地区有了坟墓，对于孔昌弼的后人来说，南雄县平林村便成为先人坟墓所在地了。

后来，到了北宋太平兴国二年（977），孔葆之子、孔昌弼的孙子孔承休（第四十三代）从广东北部的南雄县迁居到广州城西的彩虹桥一代居住，这是珠江三角洲地区孔氏家族的始祖。

孔承休长子为孔继明（第四十四代），仍生活在广州；次子孔恪，迁居到惠州，为惠州孔氏家族的始祖。孔继明有三个儿子，分别是孔惟聚、孔惟翰、孔惟吉（第四十五代）。他们生活的时期，社会安定，是北宋真宗时期。其中，长子孔惟聚认为有责任守护先人，所以一生都生活在广州。次子孔惟翰没有留下太多生平记录。三子孔惟吉迁到广东北部韶关始兴县朱公岭居住。

孔惟聚的儿子孔圣聪（第四十六代）继承了先人的品德，对待长辈极尽孝心，甚至过于极端，在父亲生病时过度哀伤，随后便生病去世了。当时的社会怜惜孔圣聪，为他在粤秀山南侧建立了一个孝子庙。后来到了清末，这个庙改为学校，也就是广东学海堂书院的一部分。

孔惟聚的另外一个儿子孔安礼（第四十六代）有两个儿子，分别是长子孔粹、次子孔巨（第四十七代）。孔粹在广东各地担任基层官员。孔巨一直生活在广州，南宋绍兴二十九年（1159），葬于广州从化神岗左岭白鸽围，这处墓地至今保护完整，是孔氏家族在广州留下的遗迹。此外，岭南孔氏家族第四十六代还有一位孔安诵，因为在外做官而迁居到肇庆；还有孙安愈迁居高要县，为高要孔氏家族的始祖。

孔粹之子孔元熏、孔元凯（第四十八代），兄弟两人在南宋初年，正式从广州彩虹桥迁居番禺沙湾小龙村一带，成为岭南孔氏家族的第一个支系，即小龙房。

此后，大概到明代中期，孔承休（第四十三代）的后人逐渐分为11个支系，按照居住的村落名称，形成11房的名称，其中：

第四十七代孔粹的后代属于小龙房、第四十七代孔宣义的后代属于南村房。

第五十一代孔元演的后代属于叠滘房。

第五十三代孔顺罗的后代属于冈房，第五十三代孔敬龙的后代属于伏房，第五十三代孔细祖的后代属于罗格房，第五十三代孔应祖的后代属于诜敦房。

第五十五代孔伯诚的后代属于孔边房，第五十五代孔庶璧的后代属于石碣房，第五十五代孔道念的后代属于上涌房，第五十五代孔庶保的后代属于孔村房始祖。

清代初年，孔氏家族11房的后代一起在省城修建了至圣家庙，作为广东孔氏家族的大祠堂。这座祠堂位于珠南路新桥市附近，在康熙五十八年（1719）、乾隆二十八年（1763）、宣统元年（1909）分别进行过维修，不过后来仍因为种种原因被破坏了，今已不存。

孔氏家族的祠堂在格局上与其他家族的祠堂没有太大区别，只是孔氏家族的祠堂大门外的门庭上一般不写“孔氏祠堂”“孔氏宗祠”，而多写作“圣裔宗祠”“至圣家庙”。这些祠堂中处处显示着孔氏家族后代对于祖先的崇敬，以及作为孔氏后代的荣耀。这从祠堂的对联中也可以看出，比如广州萝岗暹岗村圣裔宗祠大殿两侧的对联是“气备四时与天地神鬼日月合其德，教垂万世继尧舜禹汤文武作之师”。南海县华平村的至圣家庙正殿两侧的对联是“道全典教学贯古今，德泽华厦功参天地”。

实际上，在古代也有可能存在从北方南迁的其他孔氏家族后代，不过这些人来到岭南之后，都将孔昌弼作为自己的祖先，将自己融入岭南孔氏家族的集体中。所以，孔子的第三十八代孙孔戣是所有岭南孔氏后人的祖先，也就是说，在今天，每个岭南地区孔氏家族成员都是从孔子一脉相传而至的。

第三节　笃力兴学的孔氏南宗

在历史上，孔氏家族的后代将孔子对教育的重视带到了全国各地，创办或者主持了许多著名的书院。宋代之后，我国各地都建立了大量书院。到了清代，几乎每个县都有一两个比较好的书院。这些书院与当地的社学、私塾共同组成一地的教育体系。大致上可以认为，社学、私塾是一地的基层教育，而书院是一地有相当水平的教育。大部分书院的规模都不大，往往只有几十个人在读书。书院实行严格的入学考试制度，考进一些著名书院比在科举考试中考中秀才、举人还难，所以能进入书院读书的都是本地最优秀的人才。书院的负责人一般称为山长，大多由本地或者附近学问最好的人担任，一般需要拥有举人的身份。孔氏家族的许多后代曾经参与创办书院，也曾担任过各地书院的山长。

北宋建隆七年（966），住在广东南雄的孔闰（第四十一代）在当地创建了孔林书院。根据《直隶南雄州志》的记载，这所书院是一处三进院落，规模不太大，不过，这是广东历史上第一所书院，开启了宋代以后书院建设的历史。

后来，由于孔闰家族又北迁回了江西，这所书院便逐渐荒废了。到了南宋绍兴年间，孔氏家族的后人孔振玉（第四十七代）对书院进行了重修，之后又荒废不存。在今天，南雄县平林村村口有一座“惜字塔”，建于明永乐二年（1404）。据孔氏家族的后代介绍，这座“惜字塔”是当时生活在这里的孔氏家族后人孔伯道所建。也许在建立这座“惜字塔”时，孔林书院还在运行中。中国古人有“敬惜字纸”的传统，人们认为，凡是写了字的纸，便不能随便乱扔，所以一些地区建了“惜字塔”，用于焚毁写过字的纸，以表达对思想文化的尊重。一地能够为写过字的纸张专门修建一座塔，也可以从侧面反映出本地文化氛围厚重，写字的人很多。

南宋绍兴年间，衢州孔氏南宗的孔元龙（第五十一代）受邀出任衢州柯山书院的山长。此前，建炎四年（1130），孔元龙的族弟孔元虔到靖江一带（今属江苏泰州）做官，并在这里居住，他发现本地没有一所可供读书的场所，便在这里建立了马洲书院。

元顺帝至元年间，孔思俊（第五十四代）担任同安（今属福建厦门）主簿。他在任期间，参与筹建了大同书院。孔思俊天生颖慧，在年轻时便考中进士。他推崇朱熹，每到一处，都致力于传播朱熹的思想。他到同安做官之后，跟本地的士人说：“昔先正朱文公主是邑簿，民至今称之。今国家表章理学，凡文公旧所诵习之地，悉为立学设师，弟子员闽中最盛，同安独阙焉，非所以致尊崇也。”孔思俊认为，现在凡是朱熹曾经讲过学的地方，都纷纷建立起了书院，而朱熹曾经在同安做官，这里理所应当也要建立起一所书院。于是，他与本地士人共同筹资，建起了一所书院，取名为“大同书院”。

在宋元之际，孔氏家族的影响随着家族后代的往来迁居而逐渐扩大，甚至将教育传播到海岛之上。元至正初年，大约1341年至1345年，孔森（第五十五代）担任定海（今属于浙江舟山）翁洲书院山长。翁洲书院是当地最著名的书院之一。《墓志铭》中记载：

> 翁洲在海上，去城府远。有司不暇顾，殿宇颓圮，米廪弗给，释奠不备。君走谒于郡守，以修葺废坠为请，郡守是之。书院遂得一新。为山长三年，禄米仰于郡庠，俸钱给于府库。无所自遂，齑盐之况，处之裕如。人曰：“孔氏之为学校官者盖如此。”

从这段话中可以看到，当时人们认为孔氏后代一定具有孔氏家族的家风，会传承孔子的精神。孔森不负家族使命，为了书院建设往来奔走。他在任期间，奉公廉洁，而且将书院建设一新，这才是孔氏家族后代的样子。

到了明代，孔氏家族的影响力更大了。孔氏南宗南浔支的始祖孔克安（第五十五代），字诚夫，是孔思俊的次子，生活在明代初年。孔克安长大后，受聘担任白水书院（今属河南）山长，孔氏南宗的影响甚至深入北方地区。之后，孔克安又在南方多地担任教育官员，一生都在与教育打交道。

明弘治十一年（1498），当时浙江地方政府将杭州报恩寺遗址改建为万松书院。在此之后的几百年时间里，万松书院成为杭州规模最大、影响最广的书院。这所书院与其他书院基本相同，不同之处是充满了孔子的印迹。

这表现在两个方面：第一，万松书院的历任山长均是孔氏南宗的后代。在书院建立之初，当地政府便聘请孔氏家族后代孔衢、孔绩主持院务。明正德元年（1506），孔氏南宗孔彦绳（第五十九代）接任万松书院山长。之后，万松书院曾经改名为太和书院，即便如此，由孔氏南宗来主持书院的做法仍旧没有改变。进入清代，康熙五十二年（1713），孔兴慊（第六十六代）主持太和书院，后来，康熙皇帝南巡杭州，特地为太和书院题词“浙水敷文”，太和书院也因此又改名为敷文书院。第二，万松书院是庙学合一的书院。一般来说，当时的书院主要发挥“学”的功能，也就是开展教育活动，很少发挥“庙”的功能，也就是祭祀活动，因为每地都有孔庙专门用于祭孔活动，不过也有个别书院是“庙学合一”，同时发挥教育和祭祀两种功能。这种情况在当时的朝鲜半岛较为普遍，而万松书院便是这样一所书院。可以说，万松书院是孔氏南宗的后代在南方地区主持教育活动的中心地。

孔子是一个教育家。孔子的后代，为官之人，大都热衷于创办教育机构，或者直接担任教育官员，或者热衷于教育事业；不为官也不直接从事实际教育活动者，也大都重视家族后代的教育。这样的家风历经千百年而不变，既是孔子家风的重要组成部分，也是维持孔氏家族不断发展壮大的重要基础。

第九章

阙里教化，礼仪垂范：国家与地方中的孔氏家族

孔氏家族作为一个家族，在广义上来说，天下绝大部分孔姓的人都是孔子的后代，都是孔氏家族的成员；在狭义上来说，则只是孔子的嫡系，共同生活的人组成了孔氏家族。这些人共同生活，担负着传承孔氏家族历史传统的使命。

孔氏家族是构成整个中国社会的一分子，是曾经的中国古代广大家族体系中的一员。孔氏家族也有其自身的特点，其家族嫡系后代作为儒家思想的代表，在一定意义上代表了儒家思想的传承，其享有的荣誉主要来自国家赋予，所以一直与国家保持着其他家族所没有的紧密联系。孔氏家族的一些资产也是来自国家赋予。国家通过直接让渡一部分财政收入给孔氏家族，由孔氏家族直接代表国家组织进行孔子的祭祀活动，以及相关的代表儒家思想的文化活动，以维护国家主流思想。孔氏家族也因此变成实力雄厚、规模庞大的巨型家族。

第一节 孔氏家族与国家

清顺治元年，清朝刚刚迁都北京，全国大部分地区还不是由清廷控制时，曲阜孔府的衍圣公便代表孔府向清廷提交了《初进表文》，表示对清廷的支持：

恭惟皇帝陛下，承天御极，以德绥民。协瑞图而首出，六宇共戴神君；应名世而肇兴，八荒咸歌圣帝。山河与日月交辉，国祚同乾坤并永。臣等阙里竖儒，章缝微末，曩承列代殊恩，今庆新朝盛治，瞻学之崇隆，趋跄恐后。仰皇猷之赫濯，景慕弥深。伏愿玉质发祥，膺天心之笃祜，金瓯巩固。式庆社稷之灵长。臣等无任瞻仰忭舞，屏营之至。谨逢表，上进以闻。

表文并没有太多实质意义，只是在人们看来，孔氏家族是孔子思想的代表，孔氏家族的话，就代表了儒家思想的存在，即使是儒家思想，也没有明确规定必须只能怀念旧政府、旧朝代，而不能拥护新历史、新朝代，但在某些人看来，这样的表文也成了孔氏家族的“罪证”。

如果没有气节的批评是指向整个孔氏家族的，对于很多孔氏家族的后代来说也是不公平的。衍圣公所在的孔氏家族指的只是生活在曲阜孔府的孔氏家族嫡系支脉。实际上，明清以来，孔氏家族后代的人口规模已经上升到百万人级别，支脉众多，四散在全国各地。孔氏家族的后代群体，只是在较为抽象意义上拥有相似的性格气质，或者价值判断。在如此众多的人口中，自然有勤勉上进的优秀代表，也有消极颓废的负面代表。

比如在抗日战争期间，当时的衍圣公孔德成，一路随政府南下，最后在重庆居住，曾为抗日战争事业尽了应有的力量。但是在日伪和汪伪政府控制的地区，孔氏家族的人孔令煜在曲阜代表孔氏家族发表了《复兴东方文化击灭英美宿敌完成大东亚圣战》这样的宣言。

类似的情况在宋金元并立的时期也曾存在。宋、金、元均为自己朝廷确立了衍圣公，以代表自己政权得到儒家思想的支持。但这一现象实际上只是对孔氏家族自身一直拥有的“核心”造成了一些威胁，而其中的气节与骨气的功过是非很难判断。

一直以来，人们都是天然地假设衍圣公只能有一个人，并以此作为国家统一的象征，也假设衍圣公需要拥有理想的人格与气节。在复杂的政治现实面前，以过来人的角度判断过去的历史自然是清楚的，但是每个历史在“当下”实际上都充满了复杂性。

在明清时期，包括孔氏家族在内，很多家族的族规中都明确规定，本家族应该按时向国家缴纳赋税。《朱子治家格言》中甚至说：“国课早完，即囊橐无余，自得至乐。”即使因为缴纳赋税让自己变得家无余粮，也是值得的。

作为一个家族，孔氏家族在历史上具有很大的特别属性，也是中国历史上少有的一直与国家有紧密联系的家族。在家天下的文化传统下，皇帝所在的家族代表着国家权威，是国家权力最集中的家族。孔氏家族不同于皇帝家族，不代表国家权力，而是国家思想文化传统的重要载体。随着朝代的变化，代表国家权力的皇帝家族也在变化，而孔氏家族则始终如一，一直保持着连贯的传承。

一方面，从国家文化传承的角度，国家需要赋予孔氏家族以特殊的地位，所以历代政府对孔子本身的地位都不断追封，对孔氏家族也赋予特殊荣誉和特殊权力，甚至直接拨给财富。另一方面，孔氏家族也需要国家权威的认可，以维持家族的文化荣誉和社会地位，与整个国家权力体系保持着千丝万缕的联系。尤其是在朝代变化的过程中，孔氏家族一直通过种种方式，努力在新的朝代中重新获得荣誉，发挥对社会文化传承的价值。

一、孔子的称呼与孔氏的地位

孔子在中国一直有很大的影响，这从后人对孔子的多样化的称呼中便可以看到。在今天的教材中，孔子被称为先秦时期著名的教育家、思想家；在民间，孔子则被尊称为“圣人”。这主要是由于《论语》中给了“圣人”这一称呼以最高的地位，于是后世弟子们便以“圣人”称呼孔子。

不过，后代对于孔子的称呼大多与国家有直接的关系，孔子的称呼大多由国家直接赋予。称呼的不同，既代表了孔子及其儒家思想的位置，也影响着孔氏家族后代在该时期的社会地位。

孔子逝世后，鲁哀公尊孔子为“尼父”。“尼”是指与孔子出生地有关的“尼山”，“父”为尊称。这也是从国家角度给予孔子的第一个官方敬称，孔子自去世之初，便与国家联系在一起。

不过，孔子去世后，儒家思想并未直接成为有绝对影响力的主流思想，战国时期中国社会也并没有走上如孔子所设想的道路。在汉代初年，儒家思想也并非是主流思想，直到汉武帝时期，才正式提出“独尊儒术”，之后儒家思想的地位逐渐上升。孔子作为一个身份形象，在国家思想领域的地位也逐渐上升。汉平帝元始元年，即公元1年，孔子被追认为“褒成宣尼公”。在中国传统谥法中，“圣善周闻曰宣”，从此以后，孔子的称呼便带有“宣”字。

在此之后的两千多年时间里，孔子的地位不断上升。唐玄宗开元二十七年（739），孔子被进一步追认为“文宣王”，超出了“公”的级别，而直接成了“王”。进入宋代，宋真宗时期，孔子又被进一步追认为“玄圣文宣王”“至圣文宣王”。元代则将孔子追认为“大成至圣文宣王”。在清代，孔子在大部分时期都被称为“至圣先师”，避免了单纯依靠爵位高低来判定孔子地位的做法。

历代孔子封号表

时间	封号
汉平帝元始元年（1）	褒成宣尼公
汉和帝永元四年（92）	褒尊侯
北魏孝文帝太和十六年（492）	文圣尼父
隋文帝开皇年间（581—600）	先师尼父
唐太宗贞观二年（628）	先圣
唐太宗贞观十一年（637）	宣父
唐高宗永徽年间（650—655）	先师
唐高宗显庆二年（657）	先圣
唐武则天天授元年（690）	隆道公
唐玄宗开元二十七年（739）	文宣王
宋真宗大中祥符元年（1008）	玄圣文宣王
宋真宗大中祥符五年（1012）	至圣文宣王
元成宗大德十一年（1307）	大成至圣文宣王
明世宗嘉靖九年（1530）	至圣先师
清世祖顺治二年（1645）	大成至圣文宣王先师
清世祖顺治十四年（1657）	至圣先师

自汉代以后，孔子的后代就开始因为孔子而享受到特殊待遇。在宋代之前，孔子后代中的嫡长子有多样化的其他称呼。汉代初年，汉高祖在路

过曲阜时，专程祭拜孔子，并封孔子第九代孙孔腾为奉祀君，负责守卫孔子的墓地，也负责代表朝廷按时祭祀孔子。奉祀君是孔子的后代第一次获得国家的正式关注。

汉代初年，儒家思想虽然不是国家正统思想，但是在民间有很大的影响力。孔子的墓地可能常年有来自各地的儒家弟子和仰慕孔子的人前来祭拜。比如司马迁就曾到孔子的宅庙参观，并深受感动："适鲁，观仲尼庙堂、车服、礼器，诸生以时习礼其家。"（《史记·孔子世家》）

东汉时期的桓谭在《新论》中提及："孔子匹夫耳，而晫然名著，至其冢墓，高者牛羊鸡豚而祭之，下及酒脯寒具，致敬而去。"可见，汉代前往孔子墓地祭祀的人很多。所以，朝廷将负责祭祀活动的孔子的后代设置为正式的人员，可能本身就是现实的需要，可以提升祭祀活动的规范性和严肃性。

汉元帝时期，孔子第十三代孙孔霸被封为"关内侯，食邑八百户，赐金二百斤，宅一区"。由此，孔子的后代第一次获得爵位。之后，在整个汉代，孔子后代中的嫡系长子一般被封为"褒成侯"；三国时，孔子嫡系长子被封为"宗圣侯"；北魏时，封为"崇圣侯"；唐朝初，封为"褒圣侯"。到了宋仁宗至和二年（1055），"褒圣侯"改封为"衍圣公"。从此以后，历代孔氏家族的嫡长子均称为"衍圣公"，直到民国时期最后一位衍圣公孔德成。

宋代，衍圣公开始拥有名誉官级，享受三品官的待遇。到了明洪武元年（1368），明太祖朱元璋提升当时衍圣公孔希学的级别，变成二品待遇。在之后的永乐年间，衍圣公的名誉官级又变为正一品，并一直延续到清末。

除了衍圣公本人，衍圣公的其他后代也享有一定的级别待遇。按规定，衍圣公的次子享受翰林院五经博士正八品待遇，三子享受太常寺博士正七品待遇。如果衍圣公没有次子、三子，族中相对较近的子侄也可以“借任”。

衍圣公所代表的孔氏家族的嫡系后代，是国家荣誉体系中的重要组成部分。

曲阜孔氏家族与曲阜地方社会的权力结构本身有着紧密的联系。在晚唐至明以前，曲阜县知县多次由衍圣公兼任。比如《宋史》记载：宋太宗至道三年（997）九月“以孔子四十五世孙延世为曲阜县令，袭封文宣公”，宋仁宗皇祐三年（1051）七月“以孔子子孙复如仙源（曲阜）县事”。

到了明代，曲阜县知县改为由衍圣公推荐孔姓后代中的贤能之人担任，《阙里文献考·世爵职官》：“至明太祖洪武七年，希大坐事罢职，因改世袭为世职，令衍圣公保举族人之贤者送部选授，领敕赴任……世宗嘉靖四十五年，改令衍圣公选举二人送抚按考试题授。”

衍圣公为整个国家权力体系中的一部分，历代衍圣公的夫人都出自当朝权宦之家，衍圣公的儿子也多是娶高官之女，衍圣公的女儿大多嫁入高级官宦之家。兹列举自明代中期以来部分衍圣公的夫人出身情况如下：

第六十一代孙孔弘绪的夫人李氏，是明正统年间的宰相、吏部尚书李贤的女儿。

第六十二代孙孔闻韶的夫人李氏，是明弘治和正德两朝宰相、礼部尚书李东阳的女儿。

第六十四代孙孔尚贤的夫人严氏，是明嘉靖年间的宰相严嵩的孙女、严世蕃的长女。

第六十七代孙孔毓圻的夫人张氏，是曾任直隶、山东、河南等省总督、兵部尚书张铉锡的女儿。

第六十八代孙孔传铎的夫人王氏，是清代康熙年间的宰相、礼部尚书王熙的女儿。孔传铎有两个女儿，长女嫁给了当时的吏部尚书史贻直，二女儿嫁给了工部尚书陈世倌。

第七十代孙孔广棨的夫人何氏，是当时钦天监何君锡的孙女、礼部左侍郎何国宗的女儿。

第七十一代孙孔昭焕的夫人陈氏，是工部尚书陈世倌的孙女。孔昭焕的女儿都嫁入高官之家，长女孔懋祉嫁给了兵部尚书都察院右都御史方受畴，二女儿孔懋彩嫁给了工部尚书阎循琦的第三子、安徽庐州府知府阎学淳，三女儿孔懋苹嫁给了山东盐运使何泽传的次子何化并。

第七十二代孙孔宪培的夫人于氏，是乾隆时期军机大臣、户部尚书于敏中的三女儿。

第七十三代孙孔庆镕的夫人毕氏，是兵部尚书毕沅的三女儿。

第七十四代孙孔繁灏的夫人方氏，是直隶总督方受畴的孙女。

第七十五代孙孔祥珂的夫人彭氏，是军机大臣、工部尚书彭蕴章的孙女。

第七十六代孙孔令贻的夫人孙氏，是曾任总理各国事务大臣，刑部、兵部尚书孙毓汶的女儿。

第七十七代孙孔德成的夫人孙琪芳是孙家鼐的女儿。孙家鼐是晚清名臣，咸丰时期的状元，历任工部、吏部、礼部尚书。

二、孔府的修建与扩建

曲阜孔府，又称“衍圣公府”或“圣府”，位于曲阜中心，西与孔庙毗邻，是孔子后代长子、长孙居住的地方，也是历代衍圣公的衙署和私邸。初期的孔庙仅有孔子故宅三间，其后裔在简陋的故宅中奉祀孔子，依庙建宅。而当今的孔府是随着孔子地位的不断提高，才逐渐发展扩大形成的。

孔子去世后，孔子弟子为孔子立庙于阙里，而阙里孔庙今址在孔林北。古阙里与今曲阜城内阙里非一处。直至东汉中后期，孔庙一直立于此处。孔庙迁入孔子故宅，大约在东汉顺帝永建四年（129）至阳嘉三年（134）之间。

221年，魏文帝曹丕也曾下令修“孔子庙”，但此时孔庙的规模也不很大。两晋末年，“阙里荒毁”。东魏孝静帝兴和元年（539）修孔庙时，曾“修建孔子及十子容像，立碑于庙庭”，这是孔庙开始有孔子及其配享先贤塑像之始。后来，孔庙在唐代被翻修五次，在宋代被修七次，其中宋真宗天禧二年（1018）的修复可谓是最大的一次：“大扩圣庙旧制……凡增广殿庭廊庑三百十六间。”金时修了四次，元时修了六次，明时共重修、重建十一次之多。明代，由于孔庙毁于雷火，毁坏严重，明弘治皇帝朱祐樘急忙下令重修。历时五年，用银十五万二千余两，扩大出占孔庙面积约一半的前三院落。清时，孔庙又修建十四次，最大的一次是雍正二年（1724），缘由是孔庙被雷火损毁，形成大规模的整修工程，修成后“巍峨崇阴，坚致壮丽，纤悉完备，焕然一新”，成为历史上规模最大的孔庙。

随着孔子地位及其子孙官位的升高，孔宅也日益扩大。曹魏时期，于庙外“广为屋宇，以居学者”，设教讲学。到北宋末期，孔氏后裔住宅已扩大到数十间。

到金代，孔子后裔住宅在庙东已有“客馆”“客位”“斋堂”“宅厅”“恩庆堂”“双桂堂”等建筑。

明洪武十年（1377），奉敕新建的府第竣工，前衙后宅生成。此后不断扩建，形成了八进院落东、西、中三路的布局，大门赫然悬挂着“圣人之门”匾额。整个府第表现出“和谐”和“秩序”的建筑理念。

宋仁宗宝元年间，开始扩建孔府。宋仁宗至和二年（1055），封孔子第四十六代孙孔宗愿为衍圣公，另建新第，称衍圣公府。徽宗时封为世袭衍圣公，衍圣公这个称号一直持续下来，金、元、明、清代代沿袭。明代对孔子的尊崇，对衍圣公的优礼大大超过前期，封衍圣公为一品大员，班列文官之首，进入了显赫尊荣的鼎盛时期。明洪武十年，太祖朱元璋敕建新宅，并诏令有权设置官署。

明弘治年间孔庙遭火灾，弘治十六年（1503），皇帝敕旨大修阙里孔庙和衍圣公府，孔府遂又改建。明嘉靖年间，为保卫孔府、孔庙，皇帝下令迁移曲阜县城，移城卫庙。经十年时间建成曲阜新城，城墙高耸，外有深深的护城河，孔府、孔庙居于城中，奠定了孔府今天的规模。

清代施行尊孔和优礼圣裔的政策，将历史上所沿袭下来对孔子及其家族的种种优待“俱应相沿”。清道光二十三年（1843），因建筑年久失修，多有倒塌，又进行了一次“因旧为新，不废基制，不浮于费”的小型修建。清光绪九年（1883），一次大火，烧毁了孔府内宅七座楼房，于光绪十一年（1885）又在原有基础上进行了一次较大规模的重建，耗银八万余两，这是孔府最后一次大规模修建工程。

随着清朝的国力衰微，康熙年间所建的“兰堂”“九如堂”“御碑楼”等先后倒塌无存。

辛亥革命推翻帝制后，民国期间，孔子嫡裔仍受荣典。孔子的第七十七代孙孔德成被特任为“大成至圣先师奉祀官”，民国时期，奉祀官由孔子嫡传后裔担任。1936年孔德成结婚时，对孔府做了一次较全面的整修。孔府保存下来的建筑主要是明清时代所建。

“万仞宫墙”，是历史上“明故城”的“仰圣门”，为明代所建，当时是以此作为正南门。“万仞宫墙”是明嘉靖元年胡瓒宗手书，后乾隆皇帝又御笔题写后替换，其意出自《论语》，表达了对孔子的敬仰之情。原文是：“叔孙武叔语大夫于朝曰：‘子贡贤于仲尼。’子服景伯以告子贡。子贡曰：‘譬之宫墙，赐之墙也及肩，窥见室家之好。夫子之墙数仞，不得其门而入，不见宗庙之美，百官之富。得其门者或寡矣！夫子之云，不亦宜乎？’”意思是孔子的学问就像这万仞宫墙，是看不到里边的。

今曲阜孔府占地面积约180亩，各类建筑463间。府内楼堂厅轩鳞次栉比，长廊曲径，雕梁画栋，是一座典型的中国封建贵族庄园。它是我国现存规模最大、建筑最豪华的封建官僚贵族府第，号称“天下第一家”。孔府内还藏有自明嘉靖十三年（1534）至1948年的文书档案，是世界上持续年代最久、范围最广、保存最完整的私家档案。孔府不仅是我国的首批重点文物保护单位，而且还于1994年被联合国教科文组织列为世界文化遗产。

从1977年10月至1981年3月，中央直接拨款121万元，省拨经费26.5万元，同时，中央、省、地及时批拨了钢材、木材和水泥等主材，县文管会组织古建队伍和有关人员，耗时三年半，顺利完成了孔庙、孔府、孔林历史上最大的整修工作。

孔林，又称至圣林，是孔子及其子孙后代的家族墓地，两千多年来从未间断，现有坟冢10万余座，是世界上延续最久、规模最大的家族墓地。其占地三千余亩，周围垣墙高3米，厚1.5米，周长14.5里。孔林还可称为是一座天然植物园。相传孔子去世后，“弟子各以四方奇木来植，故多异树”，林内现有各类古树名木10万余株，上千类花草树木。

孔子墓前石碑篆刻“大成至圣文宣王墓”，是明正统八年（1443）黄养正手书。孔子墓东为儿子孔鲤墓，南为孙孔伋墓。这种墓葬布局为“携子抱孙”，以示人衍兴旺。

孔子墓西的3间西屋为子贡庐墓处。孔子死后，众弟子守墓3年，相诀而去，独子贡在此又守3年。后人为纪念此事，建屋3间，立碑一座，题为“子贡庐墓处”。

孔子墓外，气派较大、墓饰规格也高的，要数第七十二代孙孔宪培妻子的墓——于氏坊。墓前高大的木制牌坊上书“容音褒德”。这位于氏夫人原来是乾隆皇帝的女儿，因当时满汉不通婚，皇帝便将女儿过继给一品大臣于敏中，又以于女名义下嫁给衍圣公，一品夫人，故称于氏坊。乾隆皇帝九到曲阜，七进孔府，与女儿下嫁孔府衍圣公不无关系。

第二节 国家化的家族管理制度

孔氏家族是一个十分特殊的家族，孔子嫡系后裔历代多有受封，尤其是宋代以后，孔氏家族的嫡系传人袭封衍圣公，拥有一定的公共文化提供者的身份，在荣誉、权利、义务、资产上均与国家有着紧密的联系。

在曲阜孔府内部，有一个完整的官僚体系，包含不同的机构部门，分别称为百户厅、管勾厅、典籍厅、司乐厅、知印厅、掌书厅，这些机构都纳入国家官员品级体系中，属于国家的正式官员体系，按照相应的级别领取俸禄。

百户厅的主要职责是负责守卫孔林，也就是守护孔子及其后代的墓地。孔林占地面积甚大，而且随着时间的推移，占地越来越大。根据孔府档案记载，东汉时期就设置了负责为孔林服务的百户。这些人除了负责为孔林服务，还有护卫孔府、孔林的任务。在清代，百户厅的负责人享受正四品待遇。

管勾厅是财政管理机构，孔府的收入和支出均由管勾厅来负责。由于孔府的大部分收入都是土地租金，所以管勾厅主要跟租用孔府土地的佃户打交道，甚至还要负责处理佃户之间的矛盾，负责佃户的官司，具有一定的司法权。管勾厅权限很大，规模也十分庞大。在清代，负责管勾厅的人享受正六品待遇。

典籍厅负责管理孔府历代留下的典籍，尤其是负责保存历代帝王的赐品。帝王赐予的物品需要专门负责保管，并且定期维护，所以专门成立了该部门。同时，典籍厅还负责训练孔府的礼生，以备祭祀活动或接待活动等仪式时需要。典籍厅的负责人享受正七品待遇。

知印厅负责保管孔府的印信。除衍圣公个人印信外，每一代衍圣公都会受封一定的荣誉称号，比如“光禄大夫”“紫禁城骑马”等。这些称号同时带有印信，印信交付孔府以后，由知印厅负责保管，在需要使用这些印信时，经衍圣公同意，由知印厅负责盖印。知印厅的负责人享受正七品待遇。

掌书厅负责孔府的档案文书工作。凡历史上留存的各类档案，均在掌书厅保管。同时，孔府内外的一切公文、信件、公告等文件往来也由掌书厅负责书写、接受、汇总与汇报，相当于今天的综合办公室。掌书厅的负责人享受正七品待遇。

从这一角度来看，孔子家族的管理在一定意义上已经不是简单的家族管理，而是形成了一个完整的政府体系。有独立的财政体系、人员编制，也有独立的执法权力。有时候，曲阜孔府不只是管理本家族的事务，还经常涉足管理孔氏家族以外的事务，曲阜的知县大都由衍圣公推荐，孔氏族人也会参与曲阜的大小事务的管理。

嘉庆十八年（1813），当时的河南等地出现了天理教起义，动乱很快波及到了曲阜。孔子第七十三代孙衍圣公孔庆镕出于保卫本乡的考虑，出钱出人，组织地方团练，保卫一方安全。几年后，衍圣公到京城参加嘉庆帝六十岁寿典，受到嘉庆皇帝的单独召见。嘉庆皇帝对衍圣公说："你好生与我严拿邪教。"孔庆镕却说："此等事不是臣衙门所管。"但嘉庆帝还是一再嘱咐："好生教地方与我严拿邪教。"从这些对话中可以看到，衍圣公自已也是将所属的管理机构直接视为衙门，而且在皇帝眼里，衍圣公也是能够协助朝廷处理地方事务的重要力量。

孔氏家族也会像其他家族一样，随着家族后代的繁衍而分家，也就是将上一辈的财产，按照后代的数量分为几份。曲阜孔府的分家跟普通家族没有太大的区别。在财产划分中，土地是最重要的部分。曲阜孔府有大量由国家拨给的土地，这些土地带来的租金收入是曲阜孔府的主要收入。这些土地属于曲阜孔府所有，但是只能传给下一代衍圣公，而不能拿来分给不同的儿子。当然，孔府本身也只能由下一代衍圣公继承，其他儿子都需要搬出孔府，独立生活。

曲阜孔府的分家，主要是衍圣公将属于孔府自身所有的私田做出一定比例的划分，分给几个儿子。这部分私田，也并不是平均分配，作为未来的衍圣公仍旧分到私田中的大多数。实际上，普通家族在分家时也是这样做的，因为长子经常需要承担更多的家族义务，需要为家族付出更多精力，所以需要继承更多的财产，尤其在属性上明显属于家族的公共财产，大多由长子继承。

清代乾隆年间，孔子第七十一代孙孔昭焕袭封衍圣公，在其父亲去世后，按照家族的规矩，分给叔父一部分田产。当时的《立议单》如下：

昭焕，今议得祖母在日，曾谕意比照先人旧例，分给与三叔父田产事，未及意（议），忽遭祖母之变。今昭焕谨遵祖母遗命，并奉高祖母、曾祖母、母亲之命，立议单，照例分析。敬同五叔祖、八叔祖、十叔祖、十二叔祖公议，得地十八顷七十四亩四分七厘四毫零三忽；二府房基一处，计地七亩三分五厘七毫三丝，三叔父自行收获。

但查所分地内，有当出地四顷四十五亩三分三厘八毫，原当价银二千九百四十两，此刻力不能一气赎回。

今分析后仍照旧同灶，即将现在所分之地扣定六年籽粒，约可得够原价。其宅基虽已分定，尚未修盖。再将现在所分之地，扣定八年籽粒，约可得修改房屋之资。

…………

谨立议单二纸，一奉三叔父存执，一收昭焕收藏。谨照。

从这份文书中可以看到，曲阜孔府内长辈在家庭事务决策中的作用。在上一辈衍圣公去世以后，衍圣公的夫人仍旧对家庭决策起着重要作用，后一辈衍圣公会尊重其母亲、祖母等长辈的意见，同时在决策过程中也会请教族内其他长辈。

孔昭焕的叔叔分到了18顷74亩土地和建房用地7亩3分，只是孔府私田中很小的一部分。不过，这样数量的土地和宅院用地，已经超过一般乡绅家族的规模了。

在分家之后，各支派在家族事务上仍旧属于孔氏家族，会参与家族事务，接受曲阜孔府家族的管辖，不过在经济上便开始独立生活，孔府的嫡系衍圣公不会干涉各支派的具体经济事务。

嘉庆二十三年（1818），泗水县的孔氏族人中有拖欠赋税的，地方官府感到为难，便向衍圣公发函，希望帮助收缴赋税。衍圣公则回复道：“查此项庄田分给各堂号业已年久，所欠历年粮米，实系各堂号所欠，与本爵府毫无干涉。”

第三节 孔氏家族的收入

孔氏家族在历史上十分特殊，可以说是古代家族中理想状态下家族的典型状况。也就是说，中国古人可以说是将孔氏家族变成了中国文化中理想家族生活、家族模式的一种典型代表。今天可以大致上了解到在明清时期生活在曲阜孔府中的孔氏家族用以维持家族生活、家族制度的物质基础，也就是曲阜孔氏家族的经济收入及来源。

在中国古代，土地是最稳定且可以增值的财产，是几乎所有大家族用来维系自身家庭生活的基础。中国古代的土地制度十分复杂，不过简单来说就是一种相对稳定的私有制土地制度，大部分大家族都会购买土地，并且将土地出租，用出租后的租金来维持家族的各项开支。有的家族更是直接将土地作为一种商品，用土地租金来购买更多土地。

尽量多购买土地，最大限度地维持家族稳定，这是几乎所有中国古代大家族和小家族的共同做法，曲阜孔氏家族也不例外。有所不同的是，曲阜孔氏家族有大量土地来自政府的直接拨付，这些土地不是由购买而得，而且大部分土地不需要向政府缴纳赋税，再加上曲阜孔氏家族拥有的土地面积十分庞大，相比之下，曲阜孔氏家族的经济状况比其他任何家族都稳定得多。

从宋代开始，政府陆续拨给曲阜孔氏家族一定数量的土地，北宋灭亡之后，金、元两代也曾继续宋代的做法。现在关于曲阜孔氏家族土地的文献记录主要集中在明清时期。

明代建立之初，就一次性向曲阜孔氏家族拨给了大量土地，之后几十年里又陆续有所增加。《孔府档案》记载：明太祖洪武元年（1368），赐田两千顷，分五屯、四厂、十八官田，拨佃农承种。永乐五年（1407）二月，又赐瞻庙田七十三大顷。正统四年（1439）八月，户部奏准，存佃户五百户，凑丁二千，专以办纳粮粒，以供祭祀。

在明代，政府拨给曲阜孔氏家族的土地一共有2000多顷，大约10万亩，这些土地一般由固定的佃农租种，租金便是曲阜孔氏家族的祭祀活动资金。不过，实际上由于中国古代土地制度的特殊性，租种这些土地的佃农能够世代耕种这些土地，即使土地所有者出现变化，也不会影响佃农的耕种权利，也就是土地所有者无法收回土地的耕种权，所以在一些情况下，佃农甚至可以联合地方豪强，侵夺曲阜孔氏家族的祭田。

到了清代，曲阜孔氏家族祭田的面积逐渐扩大，到了清代晚期达到二三十万亩。《清稗类钞》记载："孔庙祭田凡三千六百顷，租税所入悉以归衍圣公，其田亘曲阜全县之半，绵延及于他县。"

除此之外，曲阜孔氏家族还有大量本家族购买的土地。这些土地不同于祭田。祭田是由政府直接划拨的，不需要向政府交税，租种祭田的佃农只需要向孔氏家族缴纳租金即可，而孔氏家族自行购买的土地则是属于国家土地的一部分，需要向国家缴纳税收。

孔府的纳税田与民间一般的纳税田相比，负担较小，被当地人称为轻粮地。《孔府档案》记载仅就曲阜县一处，乾隆时全县“纳粮之地，统计共五千一百八十顷十一亩九分七厘，而孔氏轻粮之地上中下三等共四千二百二十二顷五十一亩九分一厘”。

曲阜孔氏家族在一些历史时期也通过商业活动获得一些收入，柯兰在《千年孔府最后一代》中介绍孔氏家族在乾隆年间曾开设顺兴钱庄。明清时，孔府土地田产较集中的地方产生了屯集和义集。屯集根据当地习俗约定设期开集，如档案记载的龙凤集每月逢二、四、七、九贸易。集市税收成为孔府的一项额外收入，孔府通过屯官—集头—经纪人收取。

土地租金是所有收入中最稳定、最主要的部分，是维持曲阜孔氏家族物质生活的基础，没有这些收入，孔氏家族便缺少了维护家族共同体的基本前提。

孔氏家族将拥有的祭田和私人土地用于出租，出租模式与当时其他土地一样，主要有两种。一种是分成租，土地所有者收取土地产出的一定比例，不同年份收成好坏不同，收取的数额也不同。相对贫瘠、容易发生旱涝灾害的地方多采用分成地租，但是土地所有者常常因各年收成多少与佃农发生矛盾。另一种是定额租，根据租种的土地面积收取固定的租金，不考虑土地产出的变动情况，这种模式对于出租方和佃农都比较便利，但多在收成比较稳定、土地优质的情况下使用，而且这类土地的租金往往也比较高。孔氏家族的土地大多采用了定额租的方式出租。不同地区、不同土地每亩每年的租金差别很大，最少的只有一钱银子，而最多的高达一两银子。

总的算来，孔氏家族的祭田每年有八九千两银子的收入。祭田之外的其他土地租金收入也有几千两。这些收入是孔氏家族收入中最重要的部分。据文献记载，孔氏家族每年用于祭祀活动的开支可能有一千多两银子。《孔府档案》：“查照章程，林庙各祭，春夏二季应报销银五百五十五两二钱一分三厘二毫二丝五忽”，“查照章程，每年祭祀应报销一千一百一十二两零四钱二分六厘四毫五丝”。

这些财产属于曲阜孔府所有，由每一代衍圣公负责管理，但是国家拨给的土地即使衍圣公本人也不能随意出卖或公开变更用途。明朝规定国家拨给曲阜孔府的土地“俱属赐物，备供圣庙祭祀等项应用，必不可轻移者”。清代也规定国家拨付的祭田和学田“二田系朝廷逾格之恩赐，与民业不同，孔氏不得自行转售他人”。

曲阜孔府的这些收入当然也有各类用途。曲阜孔氏家族正是因为需要如此大量的资金，才会需要有这样大的收入。孔氏家族的开支中，大部分都不是用于私人生活，而是用于诸如公务接待、祭祀活动、婚丧嫁娶等仪式性活动的开支。

也就是说，曲阜孔氏家族的开支，有大量费用实际上已经超出一个普通家族的开支范围，而实际上是属于公共文化属性的开支。比如祭孔仪式固然属于孔氏家族内部事务，但在以儒家思想为主流思想，以孔子为圣人的时代，这种祭祀活动实际上也是一种公共文化活动。在一定意义上来说，这种公共文化活动的开支应该由政府来担负。在当时交通不便、税收的人力成本很高的情况下，国家通过直接赠予曲阜孔氏家族一部分土地，并且免除其赋税，就相当于通过让渡一部分公共税收的方式，直接将一部分公共文化活动全权交给曲阜孔氏家族来执行。

《孔府档案》记载了光绪五年（1879）清明节时孔令贻在孔林主持祭祀的盛况。这次祭祀活动用到的人员有：

> 炮手一人，锣夫四人，鼓乐四人，高帽四人，东门提炉二人，内门提炉二人，对引马三人，马夫四人，轿夫八人，预备轿夫一人，帮轿二人，大跟班四人，小跟班五人，长班一人，家丁十五人，东房仪卫若干人，监胙一人，影堂二人，正身一人，司垫一人，挑供一人，茶挑二人，挑银二人，厨役一人。

单单这一次祭祀活动提到的人员便有七八十人，按照规定，所有类似仪式活动的开支都由曲阜孔氏家族从祭田所得自行安排，清政府不再拨给额外费用。曲阜孔氏家族每年在土地租金一项上有上万两白银的稳定收入，这些收入维持了基本的家族管理和家族生活。

《孔府档案》中有一篇《咸丰二年庆寿席面账》，记载了这一年衍圣公孔繁灏的夫人过生日的开支。从这一年农历八月二十四日，一直持续到九月初五，连续十几天举办了各式各样的接待活动，以及家族内工作人员的普通饮食，一共有酒席464桌，花费资金1300多两银子，且人员费尚不在内。

在清代，十两银子就可以使一个三四口人的普通农民家庭实现温饱，而曲阜孔氏家族的一次生日接待就能消耗上千两银子。由此可知曲阜孔氏家族结构的复杂、规模的庞大，其仪式开支的复杂程度远超出一般人的想象。

具体吃了什么？以这一年农历八月二十四日为例，文献记载如下：

慕恩堂：早九个菜供一桌，晚翅子鱼骨供一桌。

司供：六个菜二桌，月工菜二个。

太太们：早点心面翅子鱼骨碟子六桌，每桌卤子四碗；晚翅子鱼骨席二桌、碟子四桌，每桌卤子四碗。

老爷们：早点心面翅子鱼骨碟子六桌，每桌卤子四碗；晚翅子鱼骨席五桌、碟子一条，每桌卤子四碗。二太爷翅子鱼骨席一桌。

王四师爷：翅子鱼骨席一桌。方少爷家人参席一桌。

姨娘：早点心面翅子鱼骨碟子一桌，卤子四碗。

典史、把总：翅子鱼骨席一桌。

岳大老爷家：人参席一桌，晚八个菜一桌。曲阜县全城翅子鱼骨碟子三桌，每桌卤子四碗。

曲阜县：中席一桌（参）。张老老参席二桌。

大爷：要火腿一中碗、京卤面一碗。

姨娘：要翅子鱼骨席一桌。

九老爷家：人参席一桌。

影堂：翅子鱼骨供二桌。

资奏厅：早、晚八个菜四桌。

长班：早、晚菜四个。

门房、跟班房：早、晚八个菜四桌。

月工早晚菜六个。

执席的早、晚八个菜二桌。

西花厅、前上房早、晚八个菜二桌。

内门早、晚六个菜八桌。

前堂楼早、晚六个菜六桌。

内打发饭早、晚六个菜二桌。

太太院下用早、晚六个菜八桌。

姨娘下用早、晚六个菜。

姑娘下用早、晚六个菜四桌。

馍馍屋早、晚六个菜二桌。

外府内下用六个菜十桌。

司寿帐早、晚六个菜二桌，月工菜二个。

成衣房早、晚六个菜二桌。

酒房早、晚六个菜二桌，酒役菜八个。

东房早、晚六个菜八桌。

轿夫早、晚菜二十个。

书房早、晚六个菜六桌，月工菜四个。

铁匠菜二个。

厨房早、晚六个菜四桌。

东书房早、晚六个菜二桌，月工菜四个。

西学账房月工菜二个。

内东楼小讨菜二个。

馍馍房早、晚六个菜二桌，月工菜二个。

签押房早、晚六个菜四桌，月工菜四个。

司房早、晚六个菜四桌，月工菜四个。

木、泥作早、晚六个菜二桌。

裱帛、纸匠早、晚菜四个。

西学早、晚六个菜六桌，月工菜四个。

后花园早、晚六个菜二桌。张老老下用六个菜一桌。内西房月工早、晚菜八个。

执厅早、晚菜八个。作夫早、晚菜二十六个。

司房听差早、晚菜五个，水夫早、晚菜八个。

执大堂早、晚菜四个。小菜房早、晚菜四个。

瓷器房早、晚菜八个。东场早、晚六个菜二桌。

册房六个菜一桌。八少爷跟班的菜二个。东学执席六个菜一桌。

佛堂二人菜四个。

孔府这类开支，一是用于大量的接待活动，二是用于大量的本家族内的仪式活动。这些活动都有不断形成的惯例影响，为了维持大家族的体面，庞大的开支一直存在。从另一个角度来说，曲阜孔氏家族维持着奢靡的生活，与普通家族生活俨然是两个世界。

由于接待活动和仪式活动的经常存在，孔府需要常年使用完整的饮食制作团队，其饮食活动在清代以后甚至专门变成了独具一方特色的“孔府家宴”菜系。

第四节 曲阜孔氏的四季生活

在中国传统社会，一年内的不同季节、不同节气有着不同的民俗活动。人们随着时间的变化，举行不同的仪式活动，回望已经逝去的日子，追念远去的祖先，祭拜各路神仙，祈求风调雨顺、五谷丰登，寄托对未来的美好期盼。家族生活与个人生活紧密地联系在一起，生命轮回便与天地自然融为一体，生命有了丰富的内涵。家族不仅为个人提供了伦理的氛围，而且为个人提供了文化庇护，每个人都处在这一体系中，能够稳固家族团结，增强向心力。曲阜孔府的家族生活是中国传统社会中原地区家族生活理想化的典型，家族生活的细节散播在一年四季的不同日子里。

俗话说“过了腊八就是年”。中国人传统意义上的过年，从腊月初八就开始了，明清及近代以来的曲阜孔府也是如此。

在腊八节这一天，孔府族人像其他家族一样，熬制腊八粥。曲阜孔府熬制的腊八粥分为两种：一种供在府内的各类工作人员食用，相对粗糙一些；一种供孔府族内人员食用，相对精细一些。除了族人食用，孔府的腊八粥还会被送到曲阜城内外的寺庙等处，供百姓分食。

腊月十五，孔府要进行挂天灯的活动。这一天，一根高高的木杆在孔府前院中竖起，称为“朝天杆”。杆顶上扎好钩子，放一个巨大的蜡烛，从腊月十五一直亮到正月十五，称为“挂天灯”。曲阜本地的老百姓家家户户都会挂天灯，不过孔府的天灯是最高的，全城都能看到。

北方人以面食为主，在过年前，家家户户都会制作一些面食。孔府人员众多，规模庞大，制作过年时用的面食，在孔府称为“蒸壮”。“蒸壮”的内容有馒头、包子、年糕、豆包、糖包、花卷、花糕等。从腊月十九开始，一直持续好几天，直到腊月二十三祭灶这一天才结束。蒸出的馒头放在一个个大缸里，摆满好几间屋子。馒头种类繁多，大的一个有半斤多，小的一两面蒸好几个，用途不一，有的用于祭祀，有的用于日常饮食，有的用于正式宴会。“蒸壮”开始后，孔府后厨全部人员一起上班，就是烧火都有专人倒班进行。等到“蒸壮”结束，所有参与的人都能获得一整篮的馒头、年糕等作为奖励。

腊月二十三，是传统祭灶的日子。很多家族都举行隆重的祭灶活动，不过孔府的祭灶活动却没有其他家族那样隆重，衍圣公从不参加祭灶活动。据说，这是因为《孟子》中讲过“君子远庖厨”，灶神自然是供奉在灶房内的，衍圣公作为圣人的后代，似乎不屑于参加这一活动。

在腊月二十三之后，过年的味道更浓厚了。孔府开始写对联、贴对联。对于一般家族来说，写对联、贴对联并不是特别大的事情，但是孔府占地面积巨大，房间众多，加上门厅、车栏、马号、仓房等，共有几百处都要贴上对联。最麻烦的是，很多门厅房檐规格甚高，需要大小不等的各类对联，有的甚至高达几米。孔府每年过年写对联就要几百张大红纸，由专人丈量各处门房高低之后，裁剪对联用纸，然后由专门机构负责对联的编写和书写工作。单是书写对联就要进行好几天。

孔府的春节对联，是孔府新年文化的重要载体，大多稳重端庄，对仗工整，喜庆又意味隽永。《孔府档案》中保存了一些乾隆二十四年（1759）孔府过年曾经贴过的对联。比如大堂檐柱对联："北阙颁光华，玉律金仪，旋转万年新日月；东山迎瑞霭，龙章凤綍，炜煌九命旧冠裳"。这副对联有三四米高。再比如前上房檐柱的对联："五福集三春，喜听儿孙歌善令；九如同一律，荣符冠诰永康宁"。这副对联长达两米多。前上房东小门的对联："画栏风和梅蕊绽，雕梁昼永燕泥香"。

这些对联写好后，到了除夕这一天上午，由专人负责逐一张贴。有的檐柱过高，还需要扎起架子张贴。

除对联之外，门神也是孔府春节的重要文化载体。从明代开始，孔府就有专门的"门神户"，负责孔府过年时门神的设计制作、印刷、粘贴等全部工作。孔府的门神不像其他家族那样是把印有门神的纸贴在门上，而是把门神贴在一个木框上，把木框挂在门上。到了第二年需要贴门神时，孔府也不会把第一年的门神揭掉，而是在第一年的门神上贴一张大红纸，在这张红纸上再贴上门神。这样一层层叠加，保存下来的有厚达六七十层的门神贴纸。

除夕是最忙的一天。衍圣公在众人陪伴下请祖拜庙，按照顺序逐次祭拜家庙和府内供奉各路神仙的地方。比如花园有花神，仓房有仓神，门房有财神，这些神仙都要逐一祭拜，最后回到前堂楼内，接受阖府上下的磕头，称为“辞岁头”。

除夕这一天，孔府的前堂院内，也要扎起一座“天地楼”，供奉的对象是天地之神，也就是“天地三界十方真宰”。天地楼内，供品琳琅满目，规格甚高。除夕的黄昏时分，人们把府内日常行走的路上铺上一些芝麻秆，以象征来年的道路“芝麻开花节节高”。

子时，孔府放三声铜炮，新的一年正式来到。孔府内各处灯笼逐个点亮，灯笼照亮了随处飘舞的彩色丝带，家庙里以及府内的各处神仙之前，均点起蜡烛。之前的朝天杆上挂着的长长的鞭炮在此时响彻云霄。衍圣公带领家人到家庙和供奉各处神仙处祭拜、上香。

到了正月初一早上，衍圣公则按照一直以来的习惯前去祭拜孔庙。早饭后，衍圣公接受众人的新年拜贺。拜年完毕，孔府的新年龙灯会就要开始了，耍龙灯、跑旱船、踩高跷、耍狮子，有时候曲阜四周的村民也会前来参加。新的一年在热闹的氛围中拉开序幕，不过，孔府热闹的新年是以巨大的物质开支和大量终年为孔府服务的人员配置为基础的，缺少了这样的基础，孔府也无法组织起这样规模庞大、热闹非凡的新年庆祝活动。

从每年的正月初一到正月十五，孔府的官署部分可以允许外人自由进出。正月十五元宵节是一个公共节日，众人都走出家门，一起制作花灯，欣赏花灯，共同欢乐。孔府也不例外，经常组织十几个人在正月十五这一天用黄豆面捏出不同形状的面灯。到了黄昏时分，孔府各处负责人都会前来领取面灯，在灯上灌一点油，在各处点燃。衍圣公也会在正月十五的晚上与众人一同欣赏烟花、花灯，给参与各项工作的人发放一些赏钱，与民同乐。

正月十五以后，孔府子弟所在的四氏学开学。孩子们提着正月十五制作的花灯上学，并且向老师赠送一些礼物，以感谢教育之恩。

二月初二，是民间认为龙抬头的日子。这一天，孔府负责打水的人员要领取一封香烛、一表纸钱，专程到平时城外取水的地方，磕头祭拜负责人间用水的水龙王。在二月二这一天，负责粮仓的仓夫也要举行简单的“围仓”活动，他们在仓屋之外，用青灰撒成三个同心圆，在圆心位置挖出一个小坑，抓一把五谷杂粮放在小坑里，用一块砖压住，并在旁边挖开一个梯形的仓门，以表达对五谷丰登的期盼。

三月初三，孔府举行祭祀花神的活动。园丁领取香烛供品，到后花园北侧的花神牌位前，燃香祭拜。

清明节是追念祖先的日子，也是孔氏家族在孔林集中扫墓的日子，衍圣公也会亲自参加。全国各地的孔氏家族后代也会在这一天来到孔林进行祭扫，每年清明节期间，经常有上千人前来。接待这些远道而来的孔氏宗亲经常是孔府的重要事务。由于这一天很多人前来扫墓，这些人的生活日用甚至带动了当地的经济，在清明节这一天形成了庙会性质的商业集会，实际上主要就是面向规模庞大的扫墓群体的。

五月初五，端午节。这一天早上，衍圣公带领家人在孔府内祭拜祖先，然后组织厨房人员包粽子。孔府会派人挑着制作出的粽子分头赠送给在孔府附近居住的亲朋好友。负责送粽子的工作人员也能因此得到不少赏钱。午后，孔府内会组织隆重的宴会，家人一直吃到傍晚时分，一起游园，品粽子。

六月初六，是祭祀上天、庆祝麦收的日子。孔府会将各地佃户新送来的麦子做成馒头，作为供品，用于祭祀代表天神的玉皇大帝，以及负责仓库的仓神等。

七月初七，是七夕乞巧节。在七夕的前几天，孔府就会派人开始制作巧果了。孔府的巧果分为三种。第一种是作为食品的巧果，类似于今天吃的月饼，只是样式更加丰富，会制作成各种水果样式、动物样式，甚至是珍宝样式。第二种是彩蛋巧果，不能食用，只是将蛋制作成精致的手工作品，比如用彩线加以缠绕、增加吊坠等。第三种为编织巧果，也是不能食用的，大多使用麦秆进行编织。麦秆的柔性较好，可以编成不同的形状，然后再进行不同的组合，进而制作出样式丰富的巧果。

七夕节这一天晚上，孔府内外十分热闹。在孔府内的前堂楼外，先摆放一张很大的八仙桌，八仙桌上再叠几层桌子，最高的桌子上摆上香烛、巧果等供品。据说桌子越高，离牛郎织女越近，乞巧越灵。

七月十五，中元节，是民间的地官诞辰日。孔府上下会举行祭祀地官的活动。

八月初四，是孔府祭祀北斗七星的日子。这是孔府最隆重的活动之一，衍圣公也要亲自参加。北斗七星对孔府之所以重要，是因为组成北斗七星的“勺柄”被称为“奎星”，而其中最亮的一颗就是文曲星。在中国传统文化中，“奎主文章”，孔子一直被后代视为奎星的化身，一些地区的孔庙中也建有奎文阁。奎星有时候也称为魁星，古人考试考得第一名称为夺魁。所以祭祀北斗星，实际上是延续孔府文脉的重要活动。祭祀北斗七星是十分庄重的，只能由孔府的嫡系子孙参加，支脉禁止参加。

八月十五，为中秋节。中秋节的上午，衍圣公带领家人祭拜孔子和祠堂，之后组织制作月饼，其中大部分用于赠送亲友，帮助孔府看管林园的人家也会收到一斤月饼。下午，孔府举行隆重的家宴。晚上，祭祀月亮之后，一家人共同赏月，品尝月饼。有时候，衍圣公也会带领家人创作一些诗歌。

九月初九，是重阳节。这一天孔府举行登高赏菊的活动，有时候登高只是登到孔府内较高的楼上，或者后花园的假山上。在这一天，孔府会按照惯例制作重阳糕，并且将重阳糕与菊花、水果等礼品赠送亲友以表达祝福。重阳糕是一种发面糕点，加有枣、杏仁、松子等。

冬至，孔府在这一天有储冰的习惯。在冬至这一天，气温早已降到零下，孔府便派人将府外一段护城河中储满水，等到冻成冰以后，便将冰块凿出来，放进冰窖中保存下来，到第二年夏季用于去暑。

春生，夏长，秋收，冬藏。孔府虽然不直接参与农事活动，但在一年四季中依节令时序举行各式各样的活动。

第十章

近代以来的孔氏家族

每一个家族的命运都与国家民族的兴衰起伏联系在一起，只是孔氏家族与国家的关系更为紧密，所以在国家与民族遭遇危机之时，孔氏家族受到的冲击更为剧烈。事实上，近代的战乱带给孔氏家族的危难只是历史上曾经出现过的多次危机中的一次。只是在宋代以后，在中国社会逐渐尊重儒家思想的情况下，孔氏逐渐壮大，后代众多，衍圣公本人也无法代表整个孔氏家族后代中的每一个人。

第一节 近代变革中的孔氏家族

近代中国，在政治、经济、文化领域均遇到了前所未有的危机。面对民族危难，处在不同境地的人，都从自身的角度出发，采取了种种措施，以推动国家的变革，应对内忧外患。戊戌变法失败以后，教育变革仍在推进，京师大学堂得以成立。之后，清政府在光绪三十年（1904）发布了一系列命令，几乎与欧洲一些重要国家同时推动近代教育变革，颁布了完整的现代学制，并以最快的速度废除科举考试，成为当时整个世界教育变革的重要一环。

这些活动也影响到了曲阜孔氏家族。一直以来，孔氏家族后代就读的四氏学拥有其他学校所没有的特权。科举的废除直接宣布四氏学优势地位的消失。受到国家教育变革的影响，一直重视教育活动的孔氏家族也积极推动曲阜本地教育的近代转型，希望通过教育变革造福曲阜一方之地，也为整个国家做出一些贡献。

在本质上，孔子的身份只是一个教育家，一生从事的最重要的活动便是教育。孔子的后代也都尊重教育，将教育活动作为最具价值的活动。辛亥革命这一年，曲阜已经在全国率先建立了较为完整的现代教育体制。在曲阜，每个乡均设立蒙养园一所，曲阜县城里已经建立了七所初等小学堂和一所高等小学堂，城外也有几十所小学堂。当时的学制，初等小学为五年，高等小学为四年。当时的初等小学大概相当于今天的小学，而高等小学大概相当于今天的初中。此外还有一所中学堂，当时的中学堂则相当于现代的高中，一所师范学堂，还有一所正在筹备的曲阜大学堂。

当时的山东全省也只有四所中学堂，可见曲阜现代教育的发展十分迅速。这些教育变革正是在曲阜孔府的推动和支持下完成的，比如曲阜唯一一所中学堂，就是在之前四氏学的基础上，由当时孔氏家族的重要教育家孔祥霖主持改革完成的。衍圣公孔令贻也十分关心曲阜教育变革，正是他重视师范学堂的建设，才推动了小学堂师资的完善，进而推动整个教育体制的建立。

在曲阜大学堂筹备过程中，最初的计划只是学习中国的传统学术，衍圣公了解到情况之后，将大学堂原来以经史子集为主的学科扩展到了十科，包括经史、礼乐、伦常、国文、方言、测绘、体操、宪政等。这在当时已然是十分超前的学科设计了。

不过孔府毕竟一直接受着传统思想，与近代社会出现的不少新生事物之间存在着隔阂。

光绪三十年，政府组织津浦路线勘测，路线经曲阜城西，直达邹县。这一路线因为距离孔林只有一百多米，按照传统观念，这会破坏孔林的风水，于是受到了孔府的反对。在孔府的影响之下，津浦铁路的选线只好做了调整。

辛亥革命后，拥有不同主张的人都开始把孔子及其代表的儒家思想、儒家经典作为宣传和推动自身观念的重要载体。

在教育领域，民国初年，蔡元培就任教育部长的第一件事，就是宣告大、中、小学内的“读经科”停办。在清末的学制变革中，“读经科”是大、中、小学学堂与现代学科并列的一门学科。

在清末，曾经组织“公车上书”的康有为在戊戌变法失败后，一直推动组建孔教会，并且希望将“孔教”定为“国教”，以对抗西方的思想文化入侵，避免中国在文化上失去自身的基础。民国2年（1913），康有为在曲阜召开了全国孔教大会，并且担任会长。这一举动受到早年一直追随他的学生梁启超的反对，梁启超认为，孔子的思想并非是一种西方意义上的宗教，不能追随西方的逻辑。

与此同时，反对孔子和儒家思想的声音逐渐上升。思想界很多人不仅把中国思想文化无法与西方思想文化相抗衡的原因归结到孔子身上，甚至把中国政治体制落后、社会结构僵化等各类社会问题形成的原因都归结到孔子身上，对孔子也开始使用一些负面词语，比如将孔子的思想及其影响称为“孔家店”。经过新文化运动、五四运动，孔子及其代表的儒家思想受到严重冲击，盘旋在曲阜孔府之上的光环逐渐退却。

民国17年（1928），上海的北新书局发行的《奔流》第一卷，刊载了林语堂创作的剧本《子见南子》。林语堂第一次经过文学加工，以孔子为故事的主角，将历史上孔子与卫灵公的一个妃子南子见面的故事创作成了剧本。次年6月，位于曲阜的山东省立第二师范学校的师生们将林语堂《子见南子》剧本搬上了舞台。

这部独幕剧塑造了一个有血有肉的普通人孔子，同时也塑造了一个有灵性的南子，但作者所塑造的孔子的形象并非依照真实的历史文献，而只是作为一种文学创作的想象，主要目的在于通过这部剧本反对儒家思想。师生们意在借这部剧表达对儒家思想的不满。这件事传播开之后，引起了社会的广泛关注，最后，第二师范的校长被免职。

第二节 末代衍圣公孔德成

最后一代衍圣公，也就是也子第七十七代孙孔德成的生活和经历是近代以来孔氏家族经历的典型。第七十六代孔令贻生活在清末，于光绪三年（1877）袭封为衍圣公。孔令贻两代单传，两位夫人都没有生孩子，其中夫人陶氏的丫鬟王宝翠为孔令贻生了两个女儿，分别是孔德齐和孔德懋。

民国8年（1919），孔令贻到北京参加岳父的葬礼，不想却突然生重病，此时王宝翠又怀孕了。孔令贻对当时的政府表示，如果王宝翠腹中的婴儿为男童，那么就自动成为下一代衍圣公。

等到出生，果然为男童，即孔德成。在孔德成百日时，便由当时的总统徐世昌亲自发布“大总统令”，由孔德成袭封为衍圣公。孔德成自出生开始，不论个人意愿如何，都担负起了诸多使命。在孔德成5岁这一年，他的母亲开办了一所中学，孔德成担任该校的名誉校长。

随着近代中国翻天覆地的变化，孔德成也与世沉浮。民国24年

（1935），国民政府认为“衍圣公”作为帝制时期的爵位，与共和政体不符，于是改“衍圣公”为“大成至圣先师奉祀官”，年仅16岁的孔德成从国家领取俸禄，并开始享受相当于当时教育部长的待遇。孔德成在就任奉祀官的仪式上表示，自己一直继承前代祖先的志向，专心攻读经史子集，将来也希望像前辈们一样，尽量少参与政治活动，主要从事教育活动。

民国25年（1936），孔德成举行结婚仪式，新娘身着西式的白色婚纱，并且穿了高跟鞋，成为当时曲阜轰动一时的事情。

抗日战争爆发后，孔德成先是短暂来到武汉，后来又在重庆长期居住，从此以后，他就几乎没有再在曲阜居住和生活了。他的长子出生在抗日战争期间，四川、重庆一带古称“益州”，所以他为长子取名为“孔维益”。

孔德成在重庆居住期间，整个社会受到抗日思潮的影响，与之前“五四”时期完全否定儒家传统有所不同，尊重中国传统的学者越来越多，大部分学者都开始以现代学术视野来看待和研究儒家思想和儒家经典。传统的、古代的学者研究儒家思想主要围绕经典本身，以解读经典为主要目的，经典的解读就是学术研究的价值。现代学术则以问题为导向，以儒家思想传统、儒家经典的内容为依托，探索儒家思想对于个人、社会、国家中具体问题的意义。这种新的、以更客观的态度对待儒家经典的治学方法对孔德成形成了一定的冲击，作为孔子的后代，他从小接触的治学方法都是传统的，并没有以现代的方式来审视儒家思想和儒家经典的学习经历。不过，孔德成并没有以圣贤后代的正统自居，更不像某些前人用所谓的道统来提升自己的话语权，而是十分谦虚地对待不同的声音，逐渐接受现代学术的视野和方法。

1947年，孔德成短暂回到曲阜祭扫。此后，随着内战的全面爆发，孔德成感到在国内没有可以安身之处，便起身前往美国，在耶鲁大学从事学术研究。1949年，孔德成来到台湾，历任台湾大学兼任教授等职，不过这些职务都是他的兼职，他的主要职务仍旧是奉祀官，并且继续享受相关的薪俸。

2005年11月15日，台湾大学庆祝建校七十七周年，作为庆祝活动的内容之一，学校向孔德成授予荣誉博士学位。当时台湾大学校长李嗣涔在讲话中说，孔德成教授多年来在中文系、人类学系开设课程，指导学生用现代学术视野，以科学的方法复原式研究《仪礼》，是使用交叉学科思维进行学术研究的典范。孔德成则谦虚地表示，在台湾大学教书已经50年，不过贡献甚少，很感谢学校，自己也觉得很惭愧。他一直以台湾大学的校训“敦品励学、爱国爱人”自勉，希望与同学共同进步。

20世纪90年代后，受台湾当局的政治影响，孔德成办公地“至圣先师奉祀官”的机构遭到裁撤。该机构中保存的物品除与孔子有关的文物以外，全部要捐赠出去，后来经过一家基金会出面，在台中市成立了专门的“孔德成先生文物馆”。

1947年，孔德成仓促前往曲阜扫墓之后，再未回到曲阜。2008年10月28日，孔德成在台湾因病去世，享年88岁，被安葬在我国台湾省台北县三峡镇龙泉公墓。

孔德成有2子2女，孙辈则有男女4人，曾孙辈男女已有2人。孔德成的长女为孔维鄂，生活在美国，于1959年与美国一位军官结婚，生有一子；长子孔维益为孔子第七十八代嫡孙，生活在台湾，于1971年结婚，生有1子1女；次女孔维崃，于1960年结婚，生有1子1女；次子孔维宁在1974年结婚，生有1女。

孔德成的长孙为孔垂长，是孔子第七十九代嫡孙，于2005年结婚，并育有1子1女。孔垂长作为在新时期成长起来的一代人，也像前辈一样，致力于推动儒家思想在当代的传承与创新。自2016年起，每年春季祭孔期间，孔垂长都亲自赶往曲阜参加祭祀活动。这是《论语》中“慎重追远”的思想在孔氏家族的后代中最真切的体现，并且还在不断地绵延着。

孔子家族第八十代嫡长孙孔佑仁也逐渐长大，他在家族的影响之下，不断学习，并不断出现在社会大众的视野中，参与孔子与儒家思想的传播活动。

目前，生活在台湾的孔氏家族后人有3000多人。

第三节 孔德懋与孔德成

孔氏家族作为由孔子后代所组成的群体，可能只是在生命基因和某些性格特点方面继承了孔子本身的性格。他们受到家族性格的影响，形成了某些相对统一的气质；受到整个家族氛围的影响，相对更加尊重孔子、尊重儒家思想，但是实际上孔氏家族并不能代表孔子所开创的儒家思想本身。尤其，孔氏家族的后代人数众多，这些人并不都是儒家思想的研究者，后世儒家思想的研究者更能代表儒家思想在各个历史时期的存在。

在社会大变革的近代，孔氏家族是一个复杂的群体，不同人受到了不同的影响，接受了不同的思想，走上了不同的道路。每一个人都是自己的代表，而无法真正成为孔氏家族的代表，也不能根据某一个人的行为对整个孔氏家族的是非与价值做出判断。只是，孔氏家族毕竟是这样特殊，家族中的一些重要人物的历史遭遇总是与国家的命运交织在一起，与国家民族的衰落与兴盛同风雨、共寒暑。

末代衍圣公孔德成父母早亡，有两个姐姐，分别是孔德齐、孔德懋。大姐孔德齐因婚姻不幸，早早去世；二姐孔德懋一直生活在北京。

孔德成童年时与两个姐姐的关系十分亲密，他们一起玩耍，一起接受教育，一起长大，尤其在大姐出嫁之后，孔德成与二姐更是形影不离。不过作为女孩，总是要嫁人的，孔德懋在17岁那年被许配给了柯昌汾。柯昌汾的父亲柯劭忞是著名的文史学家。孔德成却舍不得姐姐离开，据说，在二姐孔德懋结婚后，孔德成为自己取了一个字，叫“孑余”，可以想象他在两个姐姐都离开后的孤独。

嫁到京城的孔德懋生活得却并不如意，遍尝人间的艰辛。柯劭忞有三个儿子，长子柯昌泗，次子柯昌济，都是当时著名学者，唯独三子柯昌汾不成器，终日寻花问柳，吃喝嫖赌，最后家底败光，孔德懋不得已与其离婚，带着四个孩子一起生活。

1983年，孔德懋被选为全国政协委员。她时刻关心、牵挂着远在台湾的弟弟。两人因为历史因素而隔绝在两岸，几十年未曾见面，到1981年才第一次收到海峡对岸寄来的一封信。1989年，山东曲阜第一次举行国际孔子文化节，重新举行祭孔仪式，然而身在台湾的孔德成却未来参加。

1990年，孔德懋获知孔德成要在日本的丽泽大学举行关于儒家思想的讲座，便在日本友人帮助下，应邀前往日本，来到丽泽大学，专程在孔德成讲课的教室等候他。两人见面，相顾无言，唯有泪水纵横。多年后，孔德懋回忆当时的一幕，说她当时宛若置身于梦境中，为了这一刻，她整整等了半个世纪之久。

在此之后，两人的联系开始增多。孔德成写了一副对联“风雨一杯酒，江山万里心”送给生活在北京的姐姐，这副对联一直挂在孔德懋家中的墙上。1995年，孔德懋访问台湾，两人终于能够自然地对话，像走亲戚一样亲切。1997年，孔德懋回到故乡曲阜扫墓，身在曲阜的她忍耐不住对弟弟的思念，便打长途电话给孔德成，这是两人第一次通电话。此后，每逢孔德懋回曲阜扫墓，以及孔德成生日等，两人都会通电话交流。孔德成也开始了解到大陆的变化、曲阜的发展以及孔府、孔庙、孔林新近的情况。2002年，孔德成在台北会见了曲阜市市长王庆成和济宁市市长周齐，这是他第一次正式接触大陆方面的官员，这一年，孔德成已经是82岁高龄。

2008年夏天，孔德懋与孔德成姐弟二人还通电话，此时孔德成因病卧床，两位老人在电话中相互嘱托对方注意健康，孔德懋在这通电话里听到弟弟的最后一句话是：“二姐，我想你。”几个月后，孔德成便因病去世。三天后，孔德懋含泪为弟弟撰写了祭词，前往北京北海的大慈真如宝殿，表达哀思。

> 秋风瑟瑟，落叶飘飘，惊闻我弟溘然辞世，甚感凄凉。我与胞弟德成自幼相依为命，感情笃厚。虽人世沧桑，但仍犹如其述“风雨一杯酒，江山万里心”。弟弟德成乃孔子世家，忠恕仁爱，一以贯之的道德风范，永垂千古。
>
> 今骤闻噩耗，我悲痛欲绝，仰天忆往，如梦如烟。谨书祭文，永志怀念。黄昏北望路漫漫，小弟仙逝泪不干。
>
> 魂兮归来在曲阜，叶落归根吾才安。

孔德成也曾为二姐专门写过一首《怀二姐》：“黄昏北望路漫漫，骨肉相离泪不干。千里云山烟雾遮，搔首独听雁声寒。”

苍凉的诗句是孔德成内心的诉说。

无数的艰辛和苦难，陶冶出孔德懋对生命的热爱和对情感伦理的坚守。一个多世纪的沧桑风雨，既是孔德懋个人经历的真实写照，是整个孔氏家族发展的具体展现，也是整个中华文化在近代以来所遭所遇的典型缩影，更是中华民族虽不断遭受困难，却屡仆屡起、坚贞不屈的反映。

两千多年来，自孔子以后的孔氏家族，走过风雨、走过危难。在今天，几百万生活在世界各地的孔氏家族的后代始终将孔姓作为荣耀，每年、每月、每天，都有很多来自四面八方的孔氏家族的后代前往曲阜，参拜祖先曾经生活的地方，饮水知源，认祖归宗，表达着对祖先的追念。漫漫历史长河，永远不会停下匆匆的步伐，孔氏家族生生不息的绵延，也必将随着中华民族的不断复兴而更加兴盛发达。

结　语

家族与新时期的“家”

孔氏家族的后代，尤其是曲阜孔府中的孔子后代所过的家族生活，在家族制度、家庭礼仪方面，是中国古人心中所希望的理想家族生活的样子。这样的家族生活，需要有丰富的物质资源和人力资源为基础，有完整的人员结构。这样的家族结构在理论上形成了一个处在国家与个体之间的强大的社会结构体。家族向外，在一定意义上代替国家从事各项活动，为家族内的个人提供物质和精神的庇护；家族向内，为个人提供福利，也规定着个人人生价值选择的方向，限制着个人行动和生活的自由选择。这种模式在很多家族中也曾经短暂出现过，而在孔氏家族则是完整具体地执行着。

在一般中国人的心中，个人、家、国、天下，这是一个由小到大的层次体系。个人，然后家庭，一个个家庭组合起来便是社会、国家，不同的国家组成全世界，也就是天下。自古以来，修身、齐家、治国、平天下构成了中国人的理想，家是一个人实现人生理想的基石，是一个人完成人生理想的重要节点，也是一个人生活与生命的归宿。

当代社会，这种传统的人生理想仍旧在影响着很多中国人，但家族作为一种社会结构，在当代的地位虽然也十分重要，但是已经不像曾经那样重要了。

在尚不久远的过去，家曾经不只是作为一个空间而存在，而且是作为一个功能体而存在。在20世纪以前，很多人一生绝大部分时间都是在家里度过。中国人心中的家，即使作为一个空间，也具有多样化的功能。比如在北方普遍存在着的四合院，作为家的一种存在，在空间上以庭院为核心，而庭院具有多样的功能，这个功能实际上主要是休息、娱乐和交流的功能。至今，在各地广大农村的家庭中，家作为一个空间仍旧多多少少保存着祭祀的功能，比如很多家中设有祖宗的牌位，设有供奉天地的神位。在一些农村的家庭中，甚至也有专门供举行仪式活动的场所，他们不出家门就能直接完成红白喜事这样的仪式活动。在一些农村的家庭中，也会有专门安放生产用具、生产资料的场所，比如用于喂牲口的地方、存放牲口饲料的地方、存放各类物资的场所。在很多农村，家之外，一些家族也拥有专门属于家族公共活动空间的宗庙、祠堂。这些多样化的、多功能的空间结构，使家真正成为一个可以完成相对完整生活的场域，家作为空间的意义十分丰富。

在当代城市化的环境下，家几乎已经成为一个只是用来休息的场所，而无法像传统意义上的家那样完成生活的每个方面的功能。家对于个体来说，已经逐渐不再是一个供生活的地方。大多数人已经不再将一切生活的归宿放在家的空间范围内，家的功能已经弱化到只是一个供休息的场所，除吃饭、睡觉外再无其他实质作用，住在家中，几乎等同于住在一个旅馆中。一些家庭甚至长时间连吃饭的功能也不再发挥，很多人长期不在家中吃饭，在忙碌的都市人生活中，家只剩下睡觉一种功能。

可以说，传统意义上作为生活场域的家，在现代都市，尤其是现代化程度比较高的发达城市中，或者是生活节奏比较快、工作比较忙碌的现代都市人的生活中，已经变得名存实亡。

本来曾经在中国社会中起到中坚作用的家族，在进入新的时代之后，随着城市化以极快的速度进行，曾经的家族的文化空间，完整的生活意义被舍弃殆尽。

更重要的社会背景是，在这些变化的背后，与传统社会相比，对于当代社会来说，国家已经不再是由一个个家族组成的了，而已经是由各式各样的其他社会组织构成，这种情况在古代是不存在的。在古代，家族在很大程度上代替个人、代表个人与国家产生联系。

也就是说，在当代社会结构中，家族不仅在空间功能上逐渐微弱，而且其社会象征意义和功能也正在弱化。这是近代以来整个人类社会出现的最重要的变化之一。每个人开始作为个体参与不同的社会组织，这些社会组织的功能越来越强大，很多组织作为国家力量的延伸，在各个方面替代了曾经的家族的存在。

在传统社会，一个人最重要的标签是此人是某某家的一个人；而在当代社会，一个人的重要标签之一是此人是某某公司的一个人。对于生活在都市中的人们来说，上班、下班的过程中所参与的社会组织，比如公司、工厂、社会团体，以及所带来的身份，才是生命中最重要的部分。这些社会组织逐渐成为家的基础，如果没有了社会组织，没有稳定的经济，大多数的家便无法存在，而不是像传统社会那样，是以家族作为社会组织的基础的。

曾经的家族为每个成员提供着从摇篮到坟墓的基础资源，很多人一生都不离开家族所在地，而如今真正意义上的家族已经大部分解体，大的家族变成了一个个小的核心家庭，而且即使小的核心家庭也面临种种问题。家的结构越来越简单，家之于个人能够发挥的作用越来越弱，家所带来的秩序也越来越不清晰。

在小的家庭的内部，一直没有形成像传统社会一样约定俗成，被大多数成员所认可的权利和义务关系，家庭内部留下了过多的模糊地带，为诸多问题的形成留下隐患，为日常家庭问题的处理带来许多麻烦。这是当代每个家庭随时都在面临着的重要命题。

未来的中国，随着城市化质量的日益提升，家作为一种空间的功能逐渐回归生活的价值；家作为一种社会结构，也会发挥其应有的作用；家作为一个人最重要的社会关系之一，也必然会逐渐完成文化习俗的重建。这些都需要每一个中国人从自身的生活中，从自己家庭和家族的历史中不断反思，从整个中国家族文化发展的历史中不断反思，追溯中国著名家族在历史上发展演变的过程，研究其家族精神、家族性格、家族风气形成和延续的规律，这是未来中国家庭秩序走向稳定，家庭价值回归其本来面目的可靠途径。